U0347267

人人都是战略官

缪翔 著

Everyone is
Strategic Officer

机械工业出版社
CHINA MACHINE PRESS

本书作者在对管理理论长期研究和企业实践的基础上,介绍了管理特别是战略管理的基本概念,以及企业首席战略官或战略管理部门在实战中进行战略管理的详细流程和常用方法;创造性地提出了一种简洁高效、经反复验证的战略管理方法——RTMP,对其中资源(R)、目标(T)、模式(M)、计划(P)的具体应用做了细致的阐述;站在组织战略官或外部战略咨询顾问的视角,对组织如何主导年度战略规划这一经典任务,做了充分的、综合性的演示。

全书理论清晰、案例丰富、文笔流畅,不仅可用作商学院的辅导教材,也可作为企事业单位工作人员了解组织战略框架、提升个人战略思维和管理水平的科普读物。同时,RTMP蕴含的立足实际、积极进取的处世理念也能对个人的生活和发展有所启发。

图书在版编目(CIP)数据

人人都是战略官 / 缪翔著. —北京:机械工业出版社,2024.5
ISBN 978-7-111-75687-3

Ⅰ.①人… Ⅱ.①缪… Ⅲ.①企业管理-战略管理
Ⅳ.①F272.1

中国国家版本馆 CIP 数据核字(2024)第 081906 号

机械工业出版社(北京市百万庄大街22号 邮政编码100037)
策划编辑:坚喜斌　　　　　责任编辑:坚喜斌 董一波
责任校对:肖 琳 王 延　责任印制:刘 媛
唐山楠萍印务有限公司印刷
2024 年 6 月第 1 版第 1 次印刷
145mm×210mm·8 印张·3 插页·143 千字
标准书号:ISBN 978-7-111-75687-3
定价:69.00 元

电话服务　　　　　　　　网络服务
客服电话:010-88361066　机 工 官 网:www.cmpbook.com
　　　　　010-88379833　机 工 官 博:weibo.com/cmp1952
　　　　　010-68326294　金 书 网:www.golden-book.com
封底无防伪标均为盗版　机工教育服务网:www.cmpedu.com

推荐语

孙子说"夫未战而庙算胜者，得算多也"，拳王泰森说"（每一个落败拳手）在遭到迎头痛击前，都是有过谋划的"。人人皆知战略的重要性，但如何有效地实施战略管理、如何保持战略的适当性，却是个见仁见智的问题。缪翔的这部著作，从理论梳理到实战解析，较好地解决了这个难题。

——胡新安，华强集团股份有限公司总裁、深圳华强实业股份有限公司董事长

时代在快速变化，企业战略的重要性在快速提升，企业战略的涌现、形成和演进范式也要快速改变。《人人都是战略官》基于缪翔多年来的前沿实践和理论建构，既有关于战略管理的一般性概念、流程和方法，又创造性地提出了一套创新性的战略管理范式——RTMP，极有价值。

——梁春晓，阿里研究院创始院长、信息社会50人论坛理事

战略对职场人的重要性不言而喻，但对大部分从业者而言，目前的书籍和资料都与他们要处理的现实问题、面对的抉

择有很大距离，让人无从下手。缪翔博士以其数十年丰富的职场经验，完成了这部能让职场小白到企业高管都受益匪浅的书籍。相信这本书能对每个人的战略思维和就业创业都有所帮助。强烈推荐！

——朱晓明博士，清华大学学士及美国加州大学伯克利分校博士、中组部海外高层次人才、先后担任中美高科技企业的技术高管、国家重点研发计划负责人、高科技公司创始合伙人等职

战略是决定企业成败的关键，但真正做起来非常复杂，《人人都是战略官》给出了一条捷径——RTMP，让企业战略管理能化繁为简。同时，在如今的 AI 时代，每个人也要做好自己的人生战略，这本书也会让你在人生路上如虎添翼。

——肖伟，中国电信前天翼阅读基地负责人

随着人类进入 AI 时代，世界变化越来越快，不确定和不连续的环境就像一条长长的 S 形曲线，有起有落。企业要想持续发展和成长，常常意味着开辟一条与当前完全不同的道路，甚至自我颠覆。相信缪翔的这本书能助你洞察当下、开拓未来！

——杨宁，阿里巴巴 28 号员工、慧聪集团前董事总裁、佰万仓创始人、天使投资人

多数战略管理书籍都从专业视角展开论述，但好友缪翔先生的战略管理专著，能结合自己在多家企业担任首席战略官的经历，从战略官的视角生动展现了战略管理的方方面面，让人领悟到战略是宏微相济的系统思考、是内外畅通的多元视野、是连接理想与现实的全局思维，也是知行合一的统合执行。如此著作，值得诸君细读。

——张中天，资深互联网高管、曾在 BAT 三家公司均担任高管职务

战略定得好，事半功倍；战略定不好，一事无成。管理大师缪翔带你拨云见日，直捣黄龙。

——寿远，淘宝 8 号员工、十年阿里校友社群主理人

在中外管理研究领域，有关战略方面的著述可谓汗牛充栋，大师云集。为什么一到实操层面都无所适从？关键在于研究者大多属于理论派而非实战派。缪翔先生作为战略管理的实战派，曾在淘宝制定平台规则并沿用至今，之后又在两家上市公司旗下担任首席战略官，相信在这个充满不确定性的时代，其首创的 RTMP 战略法能助你快速制胜！

——向隽，江西财经大学、湖北工业大学兼职教授、深圳市第五届与第六届人大代表、曾任中国新闻社深圳分社记者与社长十余年

正值中国制造 2025 收官、2024 年全国两会提出"新质生产力"之际，缪翔先生倾力著述的《人人都是战略官》，很好地诠释了任何一次工业革命中，人都是影响生产力发展的核心要素，而战略又是其中的发动机。此书值得极大地赞赏和推荐！

——张文军，绿全健康产业投资有限公司创始人兼首席执行官

这是一本源于作者需求的书，他作为两家上市公司的首席战略官有着丰富的经验。企业需要能用于日常管理的战略理念，但作者发现，来自大学的课本并不能满足这一需求，教学与企业实际需求之间存在着鸿沟。这本通俗易懂的书籍就是为了弥补这一差距，同时也提出了一个能使现实相关性与学术严谨性达成一致的模型，从而邀请读者一起挑战传统、思考现状。

——维尔吉尼娅·特里戈（Virginia Trigo）博士，里斯本工商管理大学荣休教授兼中国项目总监

这本书满足了我的期待，它像一把钥匙，为我们打开了战略管理的大门。这本书不仅用通俗易懂的语言，简明扼要地论述了战略管理的基本理论，归纳了一系列传统战略管理的方法和工具，还从实战高度创造性地提出了一种可快速制胜的 RTMP 战略管理方法，具有很强的思想启发性和操作指导性。

作者本人拥有多年的管理研究与从业经验，他对战略管理的专著，特别是围绕自身资源构建战略体系从而尽快达成目标的方法，由难到易、化繁至简，立足当前、着眼未来，可为各行业推动高质量发展和个人分析解决问题提供方法借鉴。

——罗新乐，深圳市儿童医院党委书记、硕士研究生导师、深圳市医师协会副会长、深圳市卫生健康信息协会副会长、深圳市医学会第五届骨科专业委员会副主委

《人人都是战略官》这本书为我们提供了一个全新的视角来理解和实践战略管理。缪翔通过 RTMP 管理方法，将复杂的战略管理流程简化为易于理解和操作的步骤，这对于很多在快速变化的市场中寻求突破的创业者来说，无疑是一盏明灯。书中的案例分析和实战指导，让我对如何在资源有限的情况下制定有效的战略有了更深的认识。我强烈推荐这本书给所有希望在商业世界中取得成功的领导者和决策者。

——吴畏，非凡资本合伙人、非凡产研创始人

推荐序一

战略是什么？如何进行战略管理？关于这个主题的论著和研讨已有很多，但由于战略本身宏观、隐性的特点，确实存在着一种"战略的无奈"；而战略管理中的理想主义方法论也使战略管理在实践中常常浮于表面。

此书为我们提供了一个简洁的答案。作者缪翔博士是我们南方医科大学与葡萄牙里斯本大学学院合办的公共卫生政策与管理博士项目的 2017 级学员。记得在入学前审阅简历和在读期间的交流中，了解到他具有丰富的互联网行业和医药上市企业高管经历。尤其令我印象深刻的是，为了保证有更多的时间攻读这个博士学位，并对长期实务中的管理问题进行深度研究，他主动从上市公司辞了职，花了近五年的时间进行几乎全职的攻读和研究。这届学生的读博过程，特别是撰写论文的环节，受到了新冠疫情的严重影响，但缪翔还是顺利地完成了学业，获得了博士学位。更值得一提的是，获得学位后，他并没有停下脚步，又前往葡萄牙担任访问学者，继续对战略及投资领域的问题进行深入研究。在这里，我很高兴地看到他在读博和访学期间的部分研究成果得以出版，向读者展现其对战略管理的全面思考。

我有幸提前阅读了书稿，主要有以下三点体会。

一是本书提出了当前组织战略管理的迷思，它所强调的"战略的本质是路径"，是对战略管理这个概念一个准确而清晰的定义，也与管理学家彼得·德鲁克的观点有异曲同工之妙。德鲁克曾说过："战略不是研究我们未来做什么，而是研究我们今天做什么才有未来。"本书在此基础上，做了进一步的阐述和升华。

二是本书并没有赘述太多的战略管理的理论和方法，而是基于作者长年在管理实践中的感知，针对传统方法所存在的四大局限提出了一种简洁的战略管理范式——RTMP。相信这个范式，不仅有助于解决战略管理的复杂性，也能让众多管理人员在实践中有章可循，更能为我们高校的管理学教学提供一手的、新鲜的案例与参考。

三是本书所提出的 RTMP 不仅是一种战略范式，也是一种思维方式，其理论基础是巴尼等人创建的资源基础理论，主张组织战略应从自身实际出发，更多地考虑自身的秉异资源，而不单单只考虑外部的机会。这对组织而言无疑具有重大的现实意义，而对普通人而言又何尝不是如此。在现在的社会中，我们确实也需要一种能让人立足于自身实际而进行开拓、创新的思维方式。套用一句老话，我们鼓励任何人都"胸怀梦想"，但出发点一定不能离开"脚踏实地"。我相信，本书之所以取名为"人人都是战略官"，也是希望人人都能了解、掌握这样一种务实而进取的战略思维。

王冬　博士、教授

南方医科大学副校长兼卫生管理学院院长

2024 年 4 月 5 日

推荐序二

我15年前在阿里巴巴集团工作时,有幸与本书作者缪翔结识并共事。他那时担任淘宝网的COO助理,后面又负责整个淘系平台包括后来天猫商城的规则与管治工作。工作期间我们时有交流,发现他是个很热心的人,对现代企业的战略和管理也有很多想法,并对企业界、学术界一些传统的做法有深刻的分析。

之后一别十余年。我离开阿里巴巴集团后去了创新工场,一直从事投资业务,投了知乎、美图、摩拜等百余家较为新型的企业。而他在近年从事天使投资之前,基本都是在一些传统的上市企业担任高管,负责企业战略和一些互联网业务的管理。我当时就想,他在这样两个"物种"之间、现实与理想之间的磨合之下,一定会产生很多有意思的想法。

今天,有幸读到了缪翔的新作《人人都是战略官》,这本书果然饱含了他丰富的实践经验、敏锐的需求洞察以及解决现实困境的决心。他以诚挚而恳切的态度,逐一剖析了传统战略管理的方法和工具,同时毫不避讳地指出现有方法在实际运用中的诸多局限。著作所依据的资源基础理论,也明确主张企业应立足于内部资源的发掘与优化，而非过度依赖外部环境的机会捕捉，这对业界前几年流行的思潮与浮夸的作风何尝不是一种挑战与纠偏。

本书创造性地提出了 RTMP 战略管理法，强调从组织自身的资源出发，科学识别、精准定位、明确目标、梳理模式、制订计划，进而组织资源、拿到结果。相信这套清晰的流程和方法也凝聚了他独特的见解和实战的心得。同时，书中对 RTMP 战略管理法的四个核心步骤均配有详尽的操作指南与深度解析，也使原本抽象复杂的战略管理过程变得易于理解和掌握。

缪翔先生的写作风格严谨而朴实，即使是初涉管理的读者也能迅速把握战略管理的要领。他对战略管理的热爱与执着，也透过字里行间流露无遗，让人敬佩。在此，我郑重推荐每一位创业者，在创业之前或创业过程中，能好好读一读这本书，抛开一些天马行空的想法，更加聚焦于自身的资源和目标。同时，也祝福他的另一类读者——那些志存高远的企业家们，可以在本书的帮助下，继续勇攀战略高峰，成就辉煌未来。

高晓虎

创新工场执行董事、连续两届"中国
四十位四十岁以下风险投资人"奖得主

2024 年 4 月 6 日

前　言

这些年，我对战略管理的热情，正逐步被投资管理特别是量化投资侵蚀。其中一个原因，是作为一个从事管理工作多年，曾经在两家上市公司担任首席战略官，以及博士研究方向就是战略管理的人，我深深体会到了一种"战略的无奈"。虽然很多公司乃至很多人的很多问题归根结底都是战略出了问题，但由于战略问题往往是深层的、隐性的，所以对战略的管理并不会引起很多人的重视。但就我自己而言，多年来在战略管理方面的知识、经验也比较零碎、散乱，所以我希望通过这本书把先前在战略乃至管理方面的经验做一个全面的梳理和总结，也作为对自己过去这段经历的交代。

写这本书的第二个原因，是作为一名战略管理的从业者，我看过很多国内外的相关书籍，但里面有关战略管理的理念、过程、方法等，与企业的实际情况大相径庭。所以，这些书很可能只停留在学校里而无法用于一线的实战。于是一方面，社会迫切需要实用的战略管理指导；另一方面，学术界搞的那套却过于理论化。因此，我希望这本书能绕过一些不必要的理论和概念，言简意赅、面向实战，让任何一个人都能充分了解战略管理的相关知识，从而帮助大家在企业或其他组织从事力所能及的战略管理工作。

第三个原因，是目前的学术界、企业界充斥着产业组织理论的思潮，过于重视机会、威胁、结构、定位等外部因素，却比较忽视自身的优势、劣势、资源、能力等内部因素，这种过于理想主义的方法论在实践中难免误人子弟。而这本书明确基于资源基础理论，提出 RTMP 战略管理范式，主张一切从自身的实际出发，围绕自身的资源去构建战略体系从而尽快地达成目标。站在这个角度，我希望这本书以及它传递的理念能对当今社会有一定的警醒与启发作用，也希望人人都能立足实际、有的放矢，做好自己的战略官。

非常感谢我的博士生导师维尔吉尼娅·特里戈（Virginia Trigo）教授，在这样的时机帮我引荐了这样的机会，让我可以抛去杂事的纷扰，回到里斯本的母校，作为一名访问学者专心完成这部著作！也感谢伊丽莎白·莱斯（Elisabeth Reis）教授和法蒂玛·萨尔盖罗（Fatima Salgueiro）总监。

目　录

人人都是战略官

Chapter One

第一章

战略管理的基本概念

在介绍概念以前，我想表明一个观点，那就是：概念或者理论都是为实践服务的。概念的作用在于帮助人们更好地理解一些事物，也防止产生一些歧义。站在这个角度，如果它们跟我们的目标没有太大关系的话，我并不希望这本书有太多的概念或过于深奥的理论。

我们的目标是什么？那就是教会读者如何进行战略管理，从各类组织特别是最常见的企业的战略管理，到政府的战略管理、NGO（非政府组织）的战略管理等，甚至将战略管理应用于自身的工作和生活。人无远虑、必有近忧，组织也一样。只是对战略而言，仅仅"远"是不够的，还要"实"、还要"对"。对于不同类型的战略，我认为贯穿在其中的理念和方法是相通的。而这种相通的理念和方法正是本书想要呈现的。我希望的是，任何一个中学毕业生，只要他能认真阅读并充分理解本书的内容，就可以胜任力所能及的战略管理工作。

在介绍具体的范式与流程之前，我们不可避免地要先简单介绍下什么是管理，以及管理中最重要的是什么，以便大家对管理有个大致的了解，并理解战略在管理中的位置。然后，我们再介绍什么是战略，以及战略有哪些分类。

第一节　什么是管理

有人认为，管理是指"通过与他人的共同努力，既有效率又有效果地把事情做好的过程"。这里面的"效率"的英文是 Efficiency，是指正确地完成某一项任务，也就是"正确地做事"；而"效果"的英文是 Effectiveness，是指通过做这些工作任务而帮助组织实现了既定目标，也就是"做正确的事"。也有人表述为，管理是"在工作中以高效且有效的方式，与一群人一同或通过这群人实现想要达到的目标的行为"。这两种表述大同小异。

这个概念比较抽象，我们来看下这两种表述之中都隐含的三个要素。第一个要素是"效果"，管理活动是为了要达到一定的目标而进行的，是有的放矢的，而不是一种漫无目的的随机行为。第二个要素是"人员"，管理行为作用的对象是人，管理是通过人去取得结果的，而不是自己干。第三个要素是"效率"，追求高效才叫管理。反过来，如果说效率无所谓、时间无所谓、成本无所谓，做到哪算哪，那不需要管理，也不该叫管理。

所以，这三点就构成了我们对管理的定义：通过团队去高效地实现"目标"。

在现实社会，有人认为管理并不重要，认为管理不如农民种地、工人生产来得有价值、来得实实在在。事实上，现代社会除了极个别手工作坊，我们接触到的绝大部分产品或服务都是管理的产物。如果没有管理，这些产品到不了你手上，或者并不是你现在看到的样子。因为组织人员、利用资源等就是管理。即便是手工作坊，一般也有上游的原材料采购、下游的产品销售，也未必是一个人或一个环节就能搞定的。

再举个例子，泰坦尼克号海难大家都知道。海难发生之后，遇难者人数占比高达约67%。这里有很多管理的问题。设计失误、观测不足之类等我们暂且不提，就说船在1912年4月14日23:40撞上冰山，到次日凌晨2:20完全沉没，中间有160分钟时间，救生艇的数量虽然不够，但也有20艘，并且每艘能搭载60人左右，当时的数据是船上的救生艇总共能坐1178个人。但最后，只有718人幸存。也就是说，只要管理得当，这艘船明明还有整整460人是可以坐上救生艇而不死的。但是，由于他们没有高效地、正确地做事，所以加剧了这场灾难。详细的情况，可以参考下面这个案例。

参考案例

导致泰坦尼克沉没的，是冰山还是管理

"我们撞上冰山……迅速下沉……快来营救。"在 1912 年的一个寒冷深夜里，无线电波传来噩耗。泰坦尼克号巨轮最终坠入海底。当时最大、最先进的"泰坦尼克"为何沉没了呢？所有研究泰坦尼克的人，或者至少看过电影《泰坦尼克号》的人，都明白这到底是因为什么。制造灾难的罪魁祸首是冰山吗？不！恰恰相反，泰坦尼克沉没于管理的失败！如今，泰坦尼克号仍静卧海底，但我们能够找到事实真相，其中的教训可以帮助我们在事业和能力上获得提高。

一、领导意味着无限的责任。领导决非一种摆设，不仅仅是一个职位、工作头衔。管理既是科学，也是艺术。它是持续不断的接触、激发、表白、核查、扫除障碍、培训、预备、恢复、积极进取以及行动等。泰坦尼克的处女航本将为史密斯船长一生的航程画一个圆满的"句号"，他所做的就是要安全抵达纽约。但天知道他为何忽视了很多事实，为何不顾他的水手以及其他船只提供的多达 7 次的冰山警报。领导就要对组织的所有成败担当责任。

二、"最大"并非"最好"。组织越大也就越复杂，越难以驾驭、指挥和转变。在庞大的组织中，章程、规则、政策、流程以及"我需要授权以做出决策"等方面将变得刻

板。但无论如何，如今做生意需要很快应变。那艘泰坦尼克需要花 30 分钟的时间才能够驶离撞上冰山的航向，这哪里来得及呢？

三、没有等级特权。等级有助于命令与控制，却不利于变化与创新。对人区分等级会限制潜能的发挥。如今，哪怕是不经意地区分业务等级，或者对人员进行分类，也会产生同样的后果。你可以扪心自问，泰坦尼克号沉没的时候，是谁先登上救生舟？谁获得了补偿或优待？我们应该正视这些问题，要让每一个人感觉到他正处于一个为着同样目的前进的人群之中。要让每一个人知道：人人都是平等的。

四、事实会发生变化。泰坦尼克号永不沉没——如此的盲目自信致使设计人员给泰坦尼克配备了只够一半乘客使用的救生舟。但是，事实发生了变化！昨天促使我们成功的想法，到明天可能给我们带来灾难。我们的忘却曲线应该大于学习曲线，尤其不要死死抱定已经过时的"经验"。

五、技术永远无法取代领导。有人说计算机取代我们的位子并不算什么，真正的威胁在于我们将像计算机那样工作。技术失败之处，领导一定成功。在泰坦尼克号首航的几年之前，史密斯船长曾说过："我无法想象有什么情形可以使一艘巨轮沉没，现代造船技术已经超出了想象。"现如今很多公司把领导者换作技术专家，他们的脑袋里装备了"硬"驱动器。那么，一旦灾难来临，谁来领导大家？技术能行吗？

六、领导需要持续的培训。当泰坦尼克的尾部翘在海面上的时候，船员和乘客都奋力划动救生舟。没有操练，没有演习，水手们对于自己应尽的责任如此地缺乏经验。小舟没有被有效地利用，而且只有一艘返回来找寻幸存者。这也是领导者的失败。今天，所有经济人都必须是熟练者。

七、领导要洞察表面所掩盖的危机。最大的危险和最大的机遇并存。1912 年泰坦尼克号航行的海面平坦如镜，但隐藏着祸端。冰山的绝大部分在水面之下，无法看到，却如钢齿一般将泰坦尼克号的船体撕裂长达 300 英尺（1 英尺＝0.3048 米）。在下层的水手和末等舱的乘客首先看到了致命的伤害。今亦如昔，正是最基层的员工知晓你的"事业之舟"发生了什么毛病。更进一步，通常也正是他们有着最棒的主意和最有效的解决方案。开始关注一线职工吧，听听他们的想法、问题和方案，这样就能防止"撞上冰山"。

八、领导的视野更宽广。好的"船长"要监视变化的趋势、变动的需求、"暴风骤雨"以及"冰山险川"。比如，Apple 先于 IBM 觉察到计算机的市场需求，Sony 公司先于 RCA 公司（美国无线电公司）想到了随身听的主意，它们分别抢占了先机。领导的高明就在于能够看到别人所看不到的。泰坦尼克号沉没的时候，我们都还没来到这个世界。但是，那天夜里我们同样失去了某些东西。（改编自《管理其实很简单》。）

相信从泰坦尼克号的海难分析中，我们可以深刻地体会到管理的普遍性和重要性。如果泰坦尼克号上的管理者没有犯上述失误中的任何一项，死难人士将大大减少。

对于管理，也有人认为管理很简单，谁都能做，"学而优则仕"。但事实上，管理也有其专业性，而且专业性还不低。从数据来看，有26%的新管理者认为自己并没有做好管理的准备，事实上也确实有48%的人没在第一次做管理者时就把管理工作做好。管理的难点之一，在于管理是通过人去获得结果的，并不是你自己做得好就可以了，你要把团队激励起来、辅导起来才行。所以，我们在工作中经常看到有的人在专业上很厉害，但带团队就不怎么样，这样的人只能做高层级专家，你硬让他带团队，反而是害了他和团队。而有的人在专业上比较一般，但在人的管理上却非常在行，这样的人可能比前面那位更适合做管理者。这里面不仅仅是能力的问题，有时甚至还有性格等方面的因素。

当然，任何事都不是一成不变的，我们之所以现在学管理，或者学其他知识，也是希望能早点发现自己的短板，尽快弥补起来。

第二节 管理的三要素是什么

上一节简单介绍了什么是管理以及管理的重要性，在本节，我想分享下自己认为管理中最重要的是什么。

首先，我们来看下亨利·法约尔的观点，他是第一个把管理分成具体职能的人。他认为，所有管理者都要做这五件事，分别是计划、组织、指挥、协调和控制。而罗宾斯认为，这五项职能现在已经简化为四项了，分别是计划（Plan）、组织（Organize）、领导（Lead）和控制（Control）。其中，计划是指定义目标、制定战略、建构层级计划并协调活动；组织是指决定需要做什么工作、怎么做、谁去做；领导是指指导和协调组织成员的工作活动；控制是指监督活动以确保能够按计划实施。

上面观点的大致意思没错，但在我看来还是有点抽象。按我的理解，对管理者而言，最重要的是三个要素：一是战略，管理者一定要明白要带自己的团队去哪里、怎么去；二是资源，管理者要组织并协调资源，包括财务的资源、人力的资源、物品的资源等，否则就是光杆司令了；三是绩效，管理者要通过绩效的管理进行正向或负向的激励，从而保证团队能最终达成目标。

如果我们将团队比作一辆车，战略就是方向，管理者作为司机要明白车要开去哪里、走哪条路；资源就是汽油或电力，你或去买，或去换，或去借；绩效就是你要把好方向、控制好速度，跑偏了你要转回来，速度慢了你要踩油门，轮胎坏了就要补或更换。

战略、资源、绩效这三要素对管理而言至关重要，而且任何层级的管理者的工作中都包含了这三个要素，只是比例不同而已。理解了这一点，你就不会对管理者要做什么一无所知了。

关于法约尔，他除了提出过管理者的具体职能，还提出过14项适用于各类组织的"基本管理原则"。这些原则虽已年代久远，但有一些在现在看来仍有一定的参考价值，我将它们整理出来，供大家参考。这14项原则是：①分工原则，将工作分解为更具体的事项，有助于提升员工的专业化，从而使工作更有效率；②职权原则，管理者应该有权力去发布命令，但也要承担相应的责任；③纪律原则，员工应当尊重并遵守组织的规则，如有违规应公平惩罚；④指挥原则，每个员工应该只有一个发布命令的上司；⑤指导原则，同一计划应由一位领导者负责实施；⑥服从原则，员工个人或群体的利益不能凌驾于组织利益之上；⑦报酬原则，对员工的劳动必须付给公平的工资；⑧集权原则，管理者要找到员工或基层参与决策的最佳程度，而非过于集中或分散；⑨等级原则，应按汇报关系逐级沟通，在事出紧急、均已汇报、双方同意的前提下才可横向沟通；⑩秩序原则，人员和物料应在合适的时间出现于合适的位置；⑪平等原则，管理者应诚恳平等地对待下属；⑫稳定原则，高离职率会降低效率；⑬首创原则，让员工自己制订及实施计划将有助于调动他们的积极性；⑭合作原则，鼓励团队协作将有助于提升团结的氛围。

第三节　什么是战略

戴维认为，战略这一概念最早来自军事领域。"战略"一词来自希腊语的"将军"（Strategos），而将军一词又是由"军队"（Stratos）和"领导"（Ago）合并而成的。在《韦氏新世界词典》中，战略也被解释为"规划和指挥大规模军事行动、在与敌人正面交锋之前调遣兵力到最有利位置的科学"。从这个角度，经营战略与军事战略有很多相似之处，两者都是为了获得优势；不同的是经营战略希望获得的是"竞争"（Competition）的优势，而军事战略希望获得的是"冲突"（Conflict）的优势。

目前对于战略的解释可谓五花八门，我们暂且罗列一些，供大家参考。希特认为，战略是用来发展核心竞争力、获得竞争优势的一系列综合的、协调性的约定和行动。希尔认为，战略是管理层采取的能够提高公司绩效的一系列相关行动。汤普森认为，战略是经理采取的一系列用以超越竞争对手和获取卓越盈利能力的行动。戴维认为，战略是企业实现远期目标的途径。巴尼认为，战略是企业关于如何获得竞争优势的理论；而所谓竞争优势，是指企业能比竞争对手创造更多的经济价值；所谓经济价值，是指客户购买企业产品或服务所感知的收益与生产和销售该产品或服务总经济成本之间的差额。

在我看来，上述概念单纯强调绩效或竞争优势可能略显宽泛。相对而言，我认为戴维的关于途径的表述可能更准确一点。我一直认为，所谓战略，就是"现状到目标之间的路径"。战略既不是现状，也不只是目标，而是连接现状与目标之间的路径。

广义的战略还包括目标的定位，而狭义的战略只有路径的设计。它重点要解决的问题不是"在哪里（现状）"，甚至不是"去哪里（目标）"，而是解决"怎么去（路径）"的问题，如图 1-1 所示。

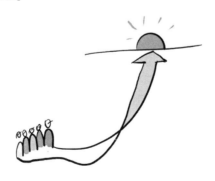

图 1-1　战略的本质是路径

战略的重要性正在于此。首先，战略最优先，战略管理是任何一位管理者首先要面对的任务，没有战略，其他任何工作将无从谈起；其次，战略最关键，如果战略出了问题，工作就会南辕北辙，轻则要为获得更多的资源付出更多的代价，重则无法实现预定的目标；最后，战略是基础，是企业成功的基石，只有战略成功，企业才有可能真正成功。

虽然软银创始人孙正义曾表示，他宁愿选择三流的点子加一流的执行，而不是一流的点子加三流的执行，但实际上，世界上真正脱颖而出的知名企业一定都选择一流的点子加一流的执行。三流的点子加一流的执行也许能让你的公司比那些选择一流的点子加三流的执行的公司好一些，但并不会使你的公司成为真正举世瞩目的成功公司。

第四节　战略有哪些分类

在这里，我们将从两个维度来讨论战略的分类：一个是组织的类型；一个是战略的层次。

在组织类型上，我们可以将战略笼统地分为三类：一是企业战略，这也是最常见的战略；二是政府战略，国内也经常叫规划或者纲领；三是社团战略，也就是非政府组织的战略，这部分更少，因为我们的非政府组织本身就很少。

需要说明的是，这本书讨论的战略适用于任何组织类型。除了主流的企业战略，还有政府战略和社团战略。因为，战略管理的理念和方法本质上是相通的，但也有一些需要注意的地方。

政府战略

政府战略也叫政府规划、施政纲领。首先，任何政府都需要有一套实实在在、真心认同、身体力行的战略。如果没有，工作可能就无从下手，或者主次不分，或者进退失据。

无从下手就是指作为领导，除了人家给你安排的日程，你不知道自己该主动做什么。

主次不分就是指不知道阶段性的重点工作是什么，抓不住重点，忙了半天一事无成。政府官员应将有限的精力重点放在这三个方面：一是抓团队，工作是具体的人做的，所以选人、用人非常重要。二是抓重点，现阶段的重点工作是什么，选出不超过三件，牢牢盯住、身体力行、拿到结果。那么，重点工作是怎么来的，理论上是根据战略来的，也有的是从领导那里来的，有的是从选民那里来的或者把领导和选民的意见整合进战略或设置成战术性目标来的。三是抓宣传，对上对下的宣传都要有，特别要重视对普通民众的宣传，毕竟任何政府执政的最终落脚点在普通民众上。而宣传很重要的一点是口服还是心服的问题，如果口服心不服那还不如不做，否则反而会让对方逆反。

进退失据就是指进行决策、判断的基本原则应该跟战略是呼应的，很多事批还是不批、去还是不去，不是空穴来风，也不是凭个人喜恶，而是依据战略里面的一些情况，是有理有据的。这就是为什么政府一定要有战略。

其次，政府对战略要更加审慎。因为哪怕再小的政府战略，也往往比单个企业的战略影响更大，会影响更广的区域、更长的时间和更多的人。因此，一旦战略出了问题，发现起来很难、调整起来更难，所以政府战略要严谨，政府要进行更为广泛和有效的公众咨询。

我们现在经常讲稳经济。其实稳经济的关键是稳信心，而稳信心的前提是稳预期。预期怎么稳，我认为，很关键的一条就是少出政策。因为每条政策的背后都是改变，改变带来机遇的同时也会增加风险。这并不是说政府只能无为而治，而是政府出台政策要"少而精"——数量不多、质量很高。政府要像避免抗生素滥用一样，避免个体或社会对政府政策的过度依赖。

我一直认为，凯恩斯主义或咸水学派自然有其积极主动的一面，现代政府的管治方式也已不是非黑即白、非此即彼了，但由于政府力量与日俱增以及其相应的、强大的惯性，总的来讲，政府的战略基础还是应该充分考虑市场、保持克制审慎，切忌用力过猛、好心办坏事。

比如前面讲到的公众咨询，就是提高政策质量的一个有效方法。我注意到，香港与澳门特区政府在出台一些重大政策包括年度施政报告的时候，会专门安排时间、广泛通过媒体做公众咨询。公众咨询持续的时间，往往与政策发布后可能产生的影响成正比，而且诚意十足。

这种诚意至少体现在三个方面：一是时间上的诚意，提交公众咨询的阶段一般介于制定政策或法案的草案与公布或提交立法机构审议之间，因此留有足够的时间能根据公众反馈的意见对草案进行修订；二是宣传上的诚意，比如香港特区政府除了会通过自己运营的官方媒体宣传，还会广泛地在民营媒体上集中性地投放广告，鼓励大家提交意见，甚至由主事官员直接到基层去听取民众的意见；三是结果上的诚意，因为从事实上看，咨询阶段一些好的意见也应该是多多少少被采纳了。

我认为这种理念主要体现了两方面的思考：一是我们默认政策制定过程中是否可能存在瑕疵，如果是，那真心诚意地听取意见，博采众长就很正常；二是普通民众在咨询过程中的意见表达，包括在整个社会层面可能带来的一定程度上的混乱与分歧，是利多还是弊多。对于后一问题，我认为，一项政策往往事先经过的讨论越充分，事后被广泛认同、被充分执行的概率也越大。这确实有可能牺牲一定的效率，但政策的质量和安全却更有保障。

更何况，公众咨询并不影响政府在广泛听取意见之后，仍坚持原先的想法，但咨询以后的坚持，是心里有底的坚持，是有备无患的坚持，将大大减少政策出台面临的风险。

关于政府战略，还有两个理论值得高度重视。一个是控制论，另一个是动态能力理论。虽然本书由于主题和篇幅等原因，在这里均不做过多论述，但我依然相信它们对公共管理和政府战略产生重要影响。

关于控制论，大家耳熟能详，它与信息论、系统论并称西方三论。按我的理解，热力学第二定律揭示了"封闭系统必然熵增（无序）"的原理，因此只有让系统保持开放或实现充分的信息反馈，才能使系统保持稳定。这一点对公共管理非常重要，也与反复强化的做法有本质区别。因为根据控制论，反复强化基本属于正反馈，反而可能造成系统的不稳定。

而在动态能力理论中，动态能力并不是一种静态的资源或能力，它是一种可以改变能力的能力。它因此将赋予组织更多的灵活性，以使组织更好地适应更为复杂多变的外部环境。动态能力理论在战略管理理论中也占有一席之地，我将其视为资源基础理论的发展与补充。动态能力理论被认为能在一定程度上解释组织间持续竞争优势的产生原因。引申开去，值得思考的一个问题是动态能力产生的本源是什么？它与系统内信息的交互程度是否存在关联？

社团战略

社团战略与企业战略比较接近，因为社团也基本是按照市场化的方式来运作的。不同的是非政府组织（Non-Governmental Organization，NGO）对盈利的要求非常低，甚至很多 NGO 本身就是非营利组织（Non-Profit Organization，NPO）。但所有这些在我们进行战略管理时并没有本质差异，一样可以遵循我们的范式，只是在战略性目标的定义环节，需要我们更多地考虑组织的使命，而非财务性的目标。

企业战略

企业战略是最为常见的战略类型，这也引出了战略分类中的第二个维度——战略的层次。很多战略书籍通常把战略分为三到四层，比如运营层战略、职能层战略、业务层战略、公司层战略。但这样的表述可能产生歧义。因为职能或职能以下的层面往往是具体业务战略的分解，并不构成独立的、完整的战略，更多时候，我们将其称为"策略"。而具体的职能层策略、运营策略更多是见招拆招，并不在战略管理的核心研究范畴内。

公司层战略这一表述也同样可能产生歧义，因为在现实中，"公司"可能是单业务的也可能是多业务的，如果将多业务的战略也表述为公司层战略，可能会与单一业务的公司层战略相混淆。所以，本书将多业务的战略表述为集团层战略，因为集团一定是多业务的。

此外，我们也不会人云亦云地去讨论所谓的并购战略、全球化战略等，因为那都只是运营策略的一部分，也不构成独立的、完整的战略。

本书只讨论两种公司战略：一种是业务层战略，它是面向单一市场、单一业务的，这是基础；另一种是集团层战略，它是面向多市场、多业务的，即便它只是将这些业务装在一个公司里而没有用"集团"字样进行冠名，我们也将在其具体业务的基础上重点讨论业务之间的组合与关系。

Chapter Two

第二章

传统的战略管理方法

在本章中，我们会介绍传统的、目前主流的战略管理方法。虽然我们并不会经常采用这样的方法，但并不代表它们是完全错误的。相反，它们中很大一部分依然是正确的、有效的，并适用于一些特定的场景。

第一节　传统的战略管理流程

如今，如果你走进一家书店，挑出任意几本战略管理书籍，你会发现其中对战略管理流程（Strategic Management Process，SMP）的描述并不一致。虽然 SMP 的组成要素基本都是愿景使命、内外部环境分析、战略选择、目标确定、实施与评估等，但先后次序差异较大，而且也与企业的实际情况相差较大（对于目前 SMP 存在的问题，我们将在第三章详细讨论）。一方面，我认为目前这种要素的相似性并非因为它是普适的真理，而是因为它从字面逻辑上看起来比较全面、周到；另一方面，可能一些学者也不太关心这些流程在实际执行中的效果。

制定愿景使命

希特认为，愿景是指"公司希望成为什么，从广义上讲，是对公司希望最终成为什么所做的描绘"。而汤普森认为，愿景"描绘了管理者对于未来的抱负，提供了我们要去哪里的全貌"，所以愿景应该是独特而鲜明的，而非宽泛的、笼统的。比如，谷歌的愿景是"整合全球信息，使人人都能访问并从中受益"；迪士尼的愿景是"为各个年龄段的人们提供最优质的娱乐，创造快乐"；伦敦都市警部的愿景是"让伦敦成为世界上最安全的大城市"。

相比强调未来的愿景，使命更侧重当前。汤普森认为，使命"描述了公司现在的业务和宗旨——我们是谁、要做什么以及我们为什么在这里"，一个理想的使命陈述应该指明公司的产品或服务、公司的客群和市场，并塑造公司形象。希特认为，愿景是使命的基础，而使命则更加具体，使命"指明了一个公司想要从事的业务以及要服务的客户"。比如，麦当劳的愿景是"成为世界上最好的快捷服务餐厅"，它的使命是

"在世界上任何一个社区，我们都是员工最好的雇主；在每一家餐厅，我们都为顾客提供优质的服务"。

内、外部环境分析

内、外部环境分析的目的，在于识别外部环境中的机会与威胁，以及内部环境中的优势与劣势，并将其一一罗列出来。

戴维认为，外部分析的目的在于编制一张包含能够使企业受益的机遇及企业需要回避的威胁的有限列表。之所以说"有限"，是因为不需要列出所有的可能因素，而是只需要识别出企业需要付诸行动的关键因素即可。

而内部分析需要注意的是全球化的影响。现在越来越多的公司在执行内部分析时采用全球思维模式，不再以单一国家、文化和背景为假设，从而使内部环境分析更为准确。

战略匹配与选择

战略的分析与选择，是以大量客观信息为基础的主观决策。所谓客观信息，包括愿景、使命，也包括内、外部环境分析等在内。通常的做法是召集相关人员，先使用一些工具，对内、外部环境分析的结果进行匹配，从而生成一定数量的备选方案；再通过集体打分（如按 1～4 分对各备选方案的重要性进行打分）的方式选出最后的战略方案。这样，一个代表集体智慧、按优先级排序的最佳战略列表就编制完成了。

设定组织目标

一般而言，组织应当在愿景、使命等的基础上，确定远期目标。远期目标的时间跨度一般是 3 ~ 5 年。其中又包含财务目标和战略目标。财务目标是指与财务表现有关的业绩指标，而战略目标则是与市场或竞争地位有关的指标，两者之间也应达到平衡。

战略实施与评估

上述战略规划阶段的完成并不代表战略的整体成功，接下来还要进行更为关键的战略实施，包括制订年度目标、目标分解、资源配置、运营策略、绩效管理等。同时，随着战略被不断实施，其实施的情况及内外部的环境也在不断发生变化，因此，也需要在保持战略和近期目标相对稳定的同时，定期对战略本身进行评估和优化。

第二节　传统的外部环境分析工具

从这节开始，我们将介绍传统流程中的一些常见工具。需要说明的是，我们的介绍并不会涵盖传统流程中的所有环节，如果有些环节足够简单（如愿景使命）或足够复杂（如战略实施），则意味着这个环节的工作可能不会通过简单的工具来完成。我们的介绍也并不会涵盖相应环节中的所有工具，我们只会挑选一些有代表性的、常用的工具进行介绍，供大家参考，以便大家对传统的战略管理方法有一个大致的印象。

对于外部环境，主流观点将其分为三类，一类是总体环境，一类是行业环境，一类是竞争环境。分析总体环境的常见工具主要有 PESTEL 分析法、七要素分析法等；分析行业环境的常见工具主要有五力模型法、外部因素评价矩阵等；分析竞争环境的常见工具主要有战略集群分析法、竞争态势矩阵（CPM）法等。还有一些其他的工具，由于篇幅关系，在此不一一介绍了。

PESTEL 分析法

PESTEL 是分析宏观大环境的常见工具，是由早期的 PEST 模型加上环境因素（E）、法制因素（L）组成，这六个方面构成了当前的宏观环境，并对行业和竞争产生影响。

其中 P 代表政治（Politics），指相关政治因素，包括税收政策、财政政策、关税、政治氛围，以及国家银行系统等机构的实力；第一个 E 代表经济（Economy），指经济因素，包括总体经济环境和利率、汇率、通货膨胀率、失业率、经济增长率、贸易逆差或贸易顺差、储蓄率和国民生产总值等具体因素；S 代表社会文化（Socioculture），指社会文化因素，包括社会价值观、态度、文化影响、对特定产品和服务需求有影响的生活方式、人口统计因素（如人口规模、人口增长率和年龄分布）等；T 代表技术（Technology），指技术因素，包括技术变革的速度、对整个社会产生广泛影响的技术发明、参与创造新知识和控制技术使用的机构等；第二个 E 代表环境（Environment），指环境因素，包括生态和环境，如天气、气候、气候变化和其他相关因素；L 代表法制（Legality），指法律或制度因素，包括消费法、劳动法、反垄断法、职业健康与安全法规等公司必须遵守的法律法规。

七要素分析法

七要素分析法与 PESTEL 分析法大同小异，它是将社会中影响行业和公司的所有因素分为七类，分别是：①人口统计因素，包括人口数量、年龄结构、地理分布、种族构成、收入分布等；②经济因素，包括通货膨胀率、利率、贸易逆差或贸易顺差、预算赤字或盈余、个人存款率、商业存款率、国民生产总值等；③政治或法律因素，包括反托拉斯法、税法、放松管制的态度、劳动力培训法、教育哲学和政策等；④社会文化因素，包括劳动力中的女性、劳动力的多样性、对工作和生活质量的态度、工作和职业偏好的转变、对产品和服务偏好的转变等；⑤技术因素，包括产品创新、知识运用、私人和政府支持的研发重点、新的通信技术等；⑥全球化因素，包括重要政治事件、关键的全球市场、新兴工业化国家、不同文化和制度的属性等；⑦可持续自然环境因素，包括能源消耗、开发能源的政策、对可再生能源的利用、公司对环境的影响、水资源的可获得性、产品的生态环境友好性、对自然或人为灾难的反应等。

五力模型法

波特认为，行业的竞争压力来自五种力量，分别是：①现有竞争者的竞争；②潜在进入者的竞争；③替代品生产商的竞争；④供应商的议价能力；⑤购买者的议价能力。

五力模型法的分析步骤如下：①识别五种竞争力以及导致压力的具体因素；②评估五种竞争力的压力强度（强、中、弱）；③将五种竞争力的影响综合起来，判断行业是否具有高盈利的能力。

对于这些竞争压力，也有一些具体的应对策略。比如，对于来自潜在竞争者的竞争，我们可以应对的策略包括：①实现规模经济（摊薄成本）；②提高品牌忠诚度；③构建绝对成本优势；④提高顾客转换成本；⑤加大政府管制。

也有作者提出，可以在五力模型中加入"第六力"，即把
"互补品"作为第六力加入原有的五力模型中。因为替代品的
存在会减少产品的价值，而上下游互补品的存在则会增加产品
价值。

外部因素评价矩阵

外部因素评价矩阵（External Factor Evaluation Matrix）主
要侧重于对外部环境分析过程中发现的机会与威胁进行量化
的分析，特别是对公司响应这些机会与威胁的程度进行评
价。如果最终得分较低，意味着公司对外界的反应比较
迟钝。

具体步骤是：①列出 20 个最重要的机会与威胁，先列机
会再列威胁，每个事项要尽可能具体、尽可能量化；②首先对
这些事项的重要性进行打分，最重要的是100%，最不重要的
是0，但这20项打分之和必须是100%；③再对公司在这些事
项上的响应程度进行打分，响应最好打 4 分，响应最差打
1 分；④将每项的重要性得分乘以响应性得分，得到每项得
分；⑤将每项得分累加，得到公司总分。总分应介于 1~4 分，
4 分代表公司敏锐地应对了外部的机会与威胁，1 分代表公司
对外部环境非常迟钝。

战略集群分析法

战略集群是由同一产业内具有相似竞争手段和市场地位的竞争者组成。战略集群分析法也叫战略集群图法，它可以通过图表的方式，非常直观地显示出竞争对手的位置，并确定是否存在竞争空白区域。具体方法是：①选出两个最典型的竞争变量，常用变量包括价格（高、中、低）、产品质量（高、中、低）、产品线宽度、服务完善程度、区域覆盖（市、省、全国、全球）、分销渠道（零售、批发、网络、混合）、纵向一体化程度等；②将这两个变量分别作为坐标图的 X 轴与 Y 轴；③将自己及竞争对手用圆圈方式画入图中，注意，圆圈大小代表销售份额占比。这样，你就可以清晰地看到整个行业的竞争状况，包括离你最近的竞争对手，以及是否还有未被占据的市场空间。

竞争态势矩阵

竞争态势矩阵（Competitive Profile Matrix）主要用于识别企业的主要竞争者及其相对于样本企业的优势与劣势。其分析步骤为：①列出若干项行业内关键的成功因素，包括内部和外部的因素，常见的关键成功因素包括产品线宽度、销售渠道的有效性、专有权或专利的优势、地理位置、生产能力与效率、经验、劳资关系、技术优势、电商技术等；②用百分比赋予每一项关键成功因素以一定的权重，权重之和应等于100%；③用1~4分给包括本公司在内的相关企业在关键成功因素上的表现进行打分，4分表示重大优势，3分表示一般优势，2分表示一般劣势，1分表示重大劣势；④将权重得分乘以表现得分，得到相关公司在每项关键成功因素上的得分；⑤将每项得分累加得到公司总分，总分较低代表在竞争中处于劣势。竞争态势矩阵不仅可以量化地获得公司在市场竞争中的地位及相对于任一对手的总体差距，还可以比较两者在各关键成功因素项上的差异。

第三节　传统的内部环境分析工具

市面上有很多工具可用于内部环境分析，其中具有代表性的有 VRIO 模型、价值链分析法、内部因素评估法等。

VRIO 模型

VRIO 模型是资源基础理论（RBT）中一个最为重要的模型，常被用于分析企业拥有的某项资源或能力最终为企业带来持续竞争优势的可能性，这也是企业审视自身内部优势与劣势时必须要回答的几个问题。

V 代表价值（Value），指某项资源是否有助于企业开发外部环境中蕴含的机会，或者化解环境中存在的威胁；R 代表稀缺性（Rarity），指某项资源是否仅被少数竞争企业掌握；I 代表难以模仿性（Inimitability），指缺乏某项资源的企业是否面临获取或开发该资源的成本劣势；O 代表组织（Organization），指企业政策和其他活动是否围绕着有效利用某种资源而加以组织。

VRIO 模型的分析步骤如下：①首先判断某项资源是否有价值，如果没有价值，那这项资源反而可能带来竞争劣势，因为开发、维护这个资源也会产生成本；②如果有价值，再判断其是否稀缺，如果不稀缺，那充其量只会为企业带来竞争均势，因为你有的别人也有；③如果有价值也稀缺，再判断其是否不可被模仿或替代，如果可被轻易地模仿或替代，那这项资源将为企业带来的是暂时的竞争优势，这种优势将持续到对手完成复制为止；④最后再来判断资源是否被妥善组织，只有有价值、稀缺、不可被模仿、能被组织的资源，才能为企业带来可持续的竞争优势。需要注意的是，组织在这里是一个全局性的变量，是获得任何竞争均势或优势的前提条件。

价值链分析法

价值链分析（Value Chain Analysis，VCA）指的是公司确定与购买原材料到生产再到营销产品等全部活动有关的成本的过程。VCA旨在识别从原材料到客户服务等整条价值链中任何存在成本优势或劣势的环节。

其具体步骤是：①将公司的运营过程，按顺序或职能拆分成若干项具体的活动或事项；②确定每一项具体活动或事项的成本，以时间或金钱计算；③计算总成本与产品售价之间的差额，也可与竞争对手的价值链进行比较。

在价值链分析过程中，某些执行得特别出色的活动或事项被称为"核心能力"。当核心能力发展成为主要竞争优势时，这一能力被称为"特色能力"。特色能力将有可能给企业带来持续的竞争优势。

内部因素评估法

内部因素评估（Internal Factor Evaluation，IFE）经常被用在内部环境分析的最后环节。其分析步骤为：①列出 10~20 个最重要的内部优势或劣势，先列优势再列劣势，并尽可能具体和量化；②用百分比对这些优劣势在所属行业的重要性进行打分，最重要的是100%，最不重要的是 0，但重要性之和应为100%；③用 1~4 分对这些优劣势在公司层面的程度大小进行打分，重大优势打 4 分，一般优势打 3 分，一般劣势打 2 分，重大劣势打 1 分；④权重与程度相乘得到每项得分；⑤每项得分相加得到公司总分，总分应介于 1~4 分，均值为 2.5 分，总分高于 2.5 分的表示内部条件占优势。

使用 IFE 法进行分析时，公司可以让各部门自下而上地开展评估。同时，不仅总分可以衡量公司内部的优劣势主导，每一细项也可用来与竞争对手进行比较。

第四节　传统的战略选择工具

很多传统（目前主流）的战略管理书籍将环境分析及之前的环节划归为战略输入阶段，这个阶段的目的是概括制定战略需要的相关信息。之后，再进入战略匹配和战略决策阶段，其目的是根据输入信息提出具体的备选战略，进行评价并最终加以选择。常见的战略匹配工具包括 SWOT 分析法、战略地位和行动评价矩阵、波士顿矩阵、内外部矩阵等；常见的战略决策工具主要是定量战略规划矩阵。我们将在下面做简单介绍。

SWOT 分析法

SWOT 分析应该是大家耳熟能详的分析方法。S 代表优势（Strength）、W 代表劣势（Weakness）、O 代表机遇（Opportunity）、T 代表威胁（Threat）。它通过对优势、劣势、机遇、威胁的两两匹配，分别得出增长型（SO）、扭转型（WO）、多样化（ST）、防御型（WT）这四种战略。

其分析步骤是：①将环境分析中获得的优势、劣势、机会、威胁的具体事项分别填入九宫格的顶部与左侧；②将上述各部分的具体事项逐一进行两两匹配，进而生成具体的备选方案，填入交叉的方格内，并在备选方案后注明配对事项的编号，如 S1O3、W2T1 等；③对备选方案进行评估与决策。

战略地位和行动评估矩阵

战略地位和行动评估矩阵（Strategic Position and Action Evaluation Matrix，简称 SPACE 矩阵）主要用来帮助企业确定总体的战略方向。

其步骤是：①为内部因素财务状况（FP）、内部因素竞争状况（CP）、外部因素稳定状况（SP）、外部因素行业状况（IP）选择各自的变量，常见的 FP 变量包括投资回报率、杠杆比例、流动比率、营运资本、现金流、存货周转率、每股收益、市盈率等，常见的 CP 变量包括市场份额、产品质量、产品生命周期、顾客忠诚度、产能利用率、专有技术、对供应商和分销商的控制等，常见的 SP 变量包括技术变革、通货膨胀率、需求变动性、竞争产品的定价区间、市场进入壁垒、竞争压力、退出市场的容易程度、需求价格弹性、经营风险等，常见的 IP 变量包括增长潜力、利润潜力、财务稳定性、杠杆程度、资源利用率、生产效率等；②用 1~7 分给这些变量打分，7 分代表最好，1 分代表最差，其中内部因素 FP 和 CP 是与竞争对手比较，外部因素 IP 和 SP 是与其他行业比较；③计算四组变量的平均分，同时，由于 SP 和 IP 在坐标轴的另一端，所以将两者取为负值；④将同在 X 轴的 CP 与 IP 求和，同在 Y 轴的 FP 与 SP 求和，求和后所得的两个数值即为战略点的坐标值，如求和后 X 轴两均值之和为 –1.2，Y 轴两均值之和为 –2.4，则战略点位于左下角的第三象限；⑤若战略点位于右上角（第一象限）则应选择"进取战略"，若位于左上角（第二象限）应选择"保守战略"，若位于左下角（第三象限）应选择"防守战略"，若位于右下角（第四象限）应选择"竞争战略"，也可在坐标图中用直线连接原点与战略点，使得显示更为直观。

具体而言，"进取战略"可根据企业实际需要采用任何策略，特别是一般环境中需要审慎考虑的垂直一体化和非相关多元化；"保守战略"可优先考虑产品开发、市场开发、相关多元化等策略；"防御战略"可优先考虑紧缩、剥离、清算等；"竞争战略"可优先考虑市场渗透、横向一体化等策略。

波士顿矩阵

波士顿矩阵常被用于多分部、多业务式企业的战略管理，它主要通过"相对市场份额"和"行业收入增长"这两个维度来对各分部或业务进行定位，进而确定相应的战略。

其实施步骤是：①计算相对市场份额，即某业务在行业内实际的市场份额与该行业最大的竞争对手拥有的市场份额的比值；②估算所在行业的年收入增长率，可以通过取行业内若干领先企业的平均值或权威机构调研数据等方式获得；③建立坐标图，X轴为相对市场份额，原点（四宫图最左侧）是1.0（代表公司的市场份额与最大对手的市场份额一致），最右侧是0.0（代表没有市场份额），中点是0.5（代表公司的市场份额是最大对手的市场份额的一半），Y轴为行业收入增长，原点（四宫图最下方）为-20%（代表行业衰落），最上方为20%（代表行业发展），中点为0（代表行业停滞）；④将各业务以坐标点的方式标入图中；⑤以各业务收入占公司总收入的百分比为半径画圆；⑥将各业务收入圆中的利润部分用阴影表示；⑦位于四宫图左上角的是明星（Star）业务，位于左下角的是现金牛（Cash Cow）业务，位于右下角的是瘦狗（Dog）业务，位于右上角的是问题（Question Mark）业务。

对策方面，对于明星业务，由于其市场份额和行业增速都比较高，理应得到大量投资以保持其主导地位；对于现金牛业务，虽然其市场份额较高但处于低增长行业之中，应开展有效的管理并尽可能延续其强势地位和良好的现金收入；对于瘦狗业务，由于其行业增长和市场份额都比较低，因此需要紧缩，削减其运营成本和资本规模，如果情况持续，可以考虑进行清算或剥离；对于问题业务，由于其在一个高增长的行业只获得了较低的市场份额，所以应该通过市场渗透、市场开发、产品开发来强化管理，如果情况持续，也可考虑出售。此外，波士顿矩阵的另一个特点是，在多数情况下，业务将按逆时针的方向发生变化，从明星业务变成现金牛业务，再从现金牛业务变成瘦狗业务。

内部－外部矩阵

内部－外部矩阵（Internal－External Matrix）是在前面介绍的外部因素评价矩阵、内部因素评估法的基础上，对各业务的战略方向进行定位和选择的一种方法。

其实施步骤是：①在第一象限建立一个包括九宫格的坐标图，左列代表 IFE 得分介于 3～4 分，中列代表 IFE 得分介于 2～3 分，右列代表 IFE 得分介于 1～2 分，上行代表 EFE 得分介于 3～4 分、中行代表 EFE 得分介于 2～3 分、下行代表 EFE 得分介于 1～2 分；②以各业务的 IFE、EFE 分值为坐标值，分别在九宫格内做标记；③以占总收入比例为半径画圆，并且将利润部分标为阴影；④由此将业务分为三类，左上部（左列上行、左列中行、中列上行）的业务需要"增长与扩张"，对角线（左列下行、中列中行、右列上行）业务需要"巩固与维持"，右下角（中列下行、右列中行、右列下行）业务需要"收缩或剥离"。

定量战略计划矩阵

定量战略计划矩阵（Quantitative Strategic Planning Matrix），主要用于战略决策阶段对各备选战略方案进行定量评价与决策。

其具体步骤是：①在表格最左列列出关键外部要素的机会与威胁以及关键内部要素的优势与劣势，每个关键要素应至少包含 10 个因素；②为每个因素分配权重，并使权重之和为 100%；③将匹配阶段得到的备选战略分别写入首行各列；④对每套战略在各具体因素上可能产生的成效或吸引力逐行打分，1 分是没有吸引力，2 分是有些吸引力，3 分是有较强的吸引力、4 分是有很强的吸引力，破折号代表不相关，同一行的分值尽量不要重复；⑤将因素权重与吸引力分数相乘，得到各战略在每个关键因素上的分值；⑥将每项因素的分值累加，得到备选方案的总分，分数越大则方案就越具吸引力。

此工具也可多人或小组同时使用，以便提升结果的质量。

第五节　传统的绩效管理工具

随着绩效管理被广泛应用，各种绩效管理工具也层出不穷，其中包括平衡计分卡、关键绩效指标、目标关键结果等。在发展过程中，它们中有一些已更接近于一种管理工具或理念，如目标管理（Management By Object）；有的则退化为一种财务评价指标，被纳入到其他更为全面的绩效工具当中，如经济增加值（Economic Value Added）；有的虽依然保持一定的特色，但也不断吸收其他工具的长处，以致在实践中的实际应用甚至理念作用也日渐趋同。我们在这里，对它们基本的、特别是初始的情况做简单介绍。

平衡计分卡

平衡计分卡（Balanced Score Card，BSC）是一种常见的绩效管理工具，该工具在1993年被卡普兰和诺顿提出的时候，是作为一种更为全面的绩效评估工具的。而在随后的发展过程中，创始人发现平衡计分卡可以通过转化愿景、沟通联系、业务计划、反馈学习这四个过程，实现其作为战略管理工具的功能。2000年推出的"战略地图"更是把平衡计分卡上的四个维度及具体指标归纳成一个因果关系链，从而把期望结果与其驱动因素联系了起来，把员工个人工作与公司战略联系了起来。

所谓平衡计分卡，主要是指通过财务、客户、内部流程、学习与发展这四个维度及其相应的绩效指标，考察公司实现其愿景及战略目标程度的工具。具体指标方面，财务维度可以分为盈利、运营、偿债三类。"财务"维度中的盈利类指标包括：①税后利润、经济增加值、投资回报率、剩余收益、税后净利润、息税前利润等利润基础性指标；②经营现金流、现金收益率、自由现金流、现金流投资回报率等现金基础性指标；③股票市价、市价、托宾 Q 比率（股票市值与重置成本的比率）等市价基础性指标。"财务"维度中的运营类指标包括资产周转率、存货周转率、应收账款周转率等。"财务"维度中的偿债指标包括流动比率、速动比率、资产负债率等。"客户"维度中的常见指标包括客户满意度、客户忠诚度、客户兼并、客户盈利分析等。"内部流程"维度的常见指标包括：①开发所用时间、开发成本、销售额等产品开发类指标；②成品率、次品率、返工率等生产制造类指标；③故障反应速度、服务成本、一次成功比例等售后服务类指标。"学习与发展"维度包括：①员工满意度、员工忠诚度等员工类指标；②员工培训、晋升、轮岗等制度性指标。

关于指标数量及分布，卡普兰等人的建议是 23～25 个，并且大致分布如下：财务指标 5 个、客户指标 5 个、内部流程 8～10 个、学习与发展 5 个。

此外，通过对众多计分卡的分析，卡普兰等人将平衡计分卡的结构设定为一个框架模式，称为战略地图。平衡计分卡的战略地图不仅可以使战略假设清晰化，每一个指标都成为连接战略目标与驱动因素的因果关系链上的重要元素，而且还清晰地描述了将无形资产转化为有形的客户和财务成果的过程。

有关平衡计分卡的更多背景，我们可以阅读下面的参考案例。同时可以思考，平衡计分卡如何才能扬长避短，以及究竟哪一阶段的平衡计分卡才最适合更广泛的企业。对于此问题的答案，我们将在第五章中给出。

参考案例

平衡计分卡的前世今生

尽管全球平衡计分卡协会的调查显示：很多欧美企业的平衡计分卡实践都是由战略管理部门来推动的，但是很多中国企业的平衡计分卡却是由企业内部的人力资源部门来实施的，很多人提到平衡计分卡都还错误地认为它仅仅是一个绩效评价工具。产生这种现象其实也并不让人感到奇怪，因为平衡计分卡诞生时的主要功能就是"突破财务指标考核的局限性"。而事实上，平衡计分卡经过30多年的发展已经演变成一个战略管理工具，它能有效地使战略规划、年度计划、财务预算、执行监控与绩效评价无缝连接。

在平衡计分卡得到推广之前，欧美国家的所有企业都在沿袭以往的单一的财务指标对其职业经理进行评价。然而，随着企业全球竞争步伐逐渐加快，越来越多企业的高级经理认识到：即使最好的财务体系也无法涵盖绩效的全部特点，很多企业开始质疑只依靠财务指标对绩效进行考核的合理性，它们开始意识到传统的财务考核存在缺陷。

从 1990 年开始，卡普兰和诺顿在总结十几家绩效管理处于领先地位的公司的经验的基础上，向全世界开始推广平衡计分卡的方法，使平衡计分卡在全球的管理实践中得到了广泛的运用。卡普兰和诺顿的平衡计分卡模板最初从财务、客户、内部运营及学习与成长来平衡设定目标和考核企业各个层次的业绩。

财务维度。从财务角度来看，企业战略管理的问题是：我们怎样满足股东、满足投资者的利益需求，实现股东价值的最大化？由此，第一类指标，即财务类绩效指标产生了。它们是公司股东、投资者最关注的参数。这类指标能全面、综合地衡量经营活动的最终成果以及公司创造股东价值的能力。

客户维度。为了满足股东、投资者的利益需求，使他们获得令人鼓舞的回报，我们必须关注我们的利益相关者——客户，关注我们的市场表现。因为，只有向客户提供产品和服务，满足客户需要，企业才能生存。客户关心时间、质量、性能、服务和成本，企业必须在这些方面下功夫，提高服务质量、保证服务水平、降低定价等。

内部运营维度。为了满足客户需要，获得令人鼓舞的市场价值，我们需要从内部运营角度思考：我们应具有什么样的优势？我们必须擅长什么？一个企业不可能样样都是最好的，但是它必须在某些方面满足客户需求，在某些方面拥有竞争优势，这样它才能立足。把企业必须做得好的方面找出来，并把这些方面坚持做好，企业就能练出过硬的本领。

学习与成长维度。为了提升企业内部运营的效率、满足客户需要、持续提升并创造股东价值，企业必须不断成长，由此需要提升组织学习与创新能力，其意义在于衡量相关岗位在追求运营效益的同时，是否为长远发展营造了积极健康的人才梯队、信息系统与企业文化。

平衡计分卡推广者们还认为：财务、客户、内部运营及学习与成长四个维度是相互支持、相互关联的，由此而开发的业绩指标也实现了"四个平衡"，即"财务与非财务""内部与外部""超前与滞后""结果与动因"的平衡。平衡计分卡作为突破财务指标考核局限性的绩效评价工具被推出后，受到了企业界的广泛关注，并在实践中逐步演化为企业战略管理的工具。

从历史发展来看，平衡计分卡体系经历了三个阶段的发展。第一个发展阶段是"平衡计分卡"。该阶段平衡计分卡的显著特征就是"研究如何突破财务指标考核的局限性"，即强调从财务、客户、内部运营及学习与成长四个互为关联的维度来设计考核指标，从而平衡设定目标和考核企业各个层次的绩效水平。

第二个发展阶段是"平衡计分卡加战略地图"。该阶段平衡计分卡体系的显著特征是：对第一阶段突破财务考核局限的功能进行扩展，强调运用战略地图来规划企业的战略。在实际操作中，战略地图的构成文件主要是图、卡、表。图、卡、表分别指"战略地图""平衡计分卡""行动计划表"，是运用战略地图来描述战略的三个必备文件。战略地图是公司战略描述的一个集成平台；平衡计分卡则是进一步解释战略地图的表格，它由战略目标与主题、核心衡量指标、战略指标值、单项战略行动计划表构成；而行动计划表则对平衡计分卡中罗列出的一个个单项战略行动计划进行进一步的演绎，它将"务虚的战略"落实为一步步可操作的具有明确时间节点、责任归属、资源安排的行动计划。

第三个发展阶段是"平衡计分卡加战略地图加战略中心型组织"。引入战略中心型组织的概念与操作是第三代平衡计分卡体系的显著特征。在这一阶段，卡普兰与诺顿认为，在当时的商业环境中，战略不仅仅是规划，更重要的是如何有效地执行。而执行战略需要企业建立起以战略为中心的流程、制度、组织架构与文化导向。在实际操作中，第三代平衡计分卡体系除了第二代中的图、卡、表之外，还包含全新的战略管理流程、制度设计以及战略管理部职能的改造等诸多内容。

　　在平衡计分卡与众多理论的交锋中，值得注意的是与目标管理（MBO）的交锋。目标管理是一种成熟的绩效管理模式，其创造者是著名管理大师彼得·德鲁克。1909年彼得·德鲁克出生在维也纳，幼年时辗转到修道院读书。修道院中的修女运用目标管理方法对包括德鲁克在内的学生的学习进行管理：在每学期开始时确定本学期的学习目标，在日常学习中强调对他们的学习进行动态指导与反馈，并在每个学期末对该学期的学习成绩进行测试、评价，最后还将回报激励与成绩挂钩。彼得·德鲁克在这段学习经历中因此受益，当他步入管理的殿堂后，成功地将目标管理的方法运用到企业管理之中，提出目标管理的方法论。目标管理的全球实践已有几十年的历史，它被广泛应用于各种营利性与非营利性组织。有人因目标管理的伟大贡献而这样评价彼得·德鲁克："在彼得·德鲁克之前，企业是没有管理的！"

　　MBO的推崇者认为：①MBO理论并非是片面的，20世纪80年代中期之前的很长一段时间里，MBO的创始人彼得·德鲁克就一直强调将企业战略与MBO全面对接的重要性；②MBO更侧重于绩效管理，而非只是其中的绩效考核环节，它强大的管理功能源自其绩效管理的四个循环步骤，即"明确目标、动态指导、期末考核、激励回报"，这是将考核与管理区分开来的"一次划时代的管理变革"；③平衡计分卡操作过于复杂，不适合中国企业，以致在管理咨询的实践中我们经常遇到这样的情形，即一些企业的职业经理人和部分管理咨询公司质疑平衡计分卡操作的复杂性，他们认为自己的企业目前的管理水平很低，而平衡计分卡只适用于管理基础比较好的企业。（改编自《平衡计分卡制胜方略》。）

关键绩效指标

关键绩效指标（Key Performance Indicator）是通过对组织实现其战略目标需要的关键要素的归纳提取、设置、评价等，对组织各部门或员工的绩效表现进行量化评价的工具。

KPI 绩效管理的步骤为：①KPI 分解，要根据组织的战略目标将公司目标分解到部门，形成部门的目标和指标，再由部门分解到岗位，形成岗位的目标和指标，指标数量一般为3~5个。KPI 分解是绩效管理中最关键、最核心的步骤，许多公司的绩效管理工作之所以难以开展和推行，其核心原因就在于 KPI 的分解不合理。②根据各指标的重要性，分配以一定的权重，常用方法包括专家评审法（可取多位专家评定后的均值）、质量评分法（初始分配后再根据与组织目标的相关性进行加权）、沟通设计法等。③对约定周期内的绩效结果进行评价，评价时应先搜集 KPI 完成情况的相关信息并进行计算，然后给予客观、公正的结果。④通过上下级的绩效面谈反馈当期绩效结果及下一周期的绩效目标。

KPI 与传统的平衡计分卡的主要区别在于：①指标来源不同，BSC 特别是早期的 BSC 更注重财务、客户、流程、成长这四个方面的平衡，而 KPI 并不受此限制，更侧重于组织战略目标的层层分解；②指标数量不同，卡普兰对 BSC 指标数量的建议是 23～25 个，而 KPI 一般为 3～5 个，抓大放小，更聚焦于关键因素。

目标关键结果

目标关键结果最早为英特尔（Intel）公司所采用，初期名为 Intel 的 MBO，即 IMBO（Intel Management By Objective），后改称 OKR，因为其关键词是"目标"（Objective）和"关键成果"（Key Result）。但真正将其发扬光大的是谷歌（Google）。谷歌在成立不到一年的时间就引入了 OKR 并一路沿用至今。OKR 被认为比较适合互联网企业而非传统企业，因为它被认为更强调通过快速执行、快速试错来适应外部环境的不断更新与迭代；而且 OKR 不与考核奖惩挂钩，也让员工在一种更自然的状态下用 OKR 进行自我管理。

OKR 的实施步骤为：①下级与上级共同设定目标（据说有 60% 的 OKR 由下级自己制定），数量一般不多于 5 个。目标并不一定要绝对量化，但需要遵循 SMART 原则（具体、可测、可行、相关、限时的原则），然后分配一定的权重。②设定每个目标的关键成果，它是保证目标实施的、关键的必要条件，一个目标一般对应着 3 ~ 4 个关键成果，关键成果也需遵循 SMART 原则，并且必须量化。③对每个关键成果设定相应的任务，每个任务都要对关键成果的达成起明显的支撑作用，任务与关键成果是多对多的关系，关键成果可能有多个任务支撑，任务也可能同时支撑多个关键成果。④全员公开 OKR，完全透明。⑤执行及评估，下级自评及上级评估，上级评估主要是表扬或查找问题，应用方面比较柔性，主要包括提醒工作方向、找到最佳实践、找到优秀评选依据、记录工作成果、优化团队氛围等。

OKR 与 KPI 的区别主要在于：①KPI 强调自上而下的分解，而 OKR 多数由下级制定或上下级共同制定；②OKR 全员公开透明，KPI 一般限上下级及 HR（人力资源）；③KPI 更侧重结果，而 OKR 更侧重过程，比如为了实现目标的关键成果；④KPI 在应用上更强调与薪酬等挂钩，而 OKR 不强调奖惩而更强调沟通，虽然部分企业在实践中也有强制排序或分布等，但在应用上相对柔性。

Chapter Three

第三章

一种快速制胜的战略管理
范式——RTMP 战略法

战略管理流程（Strategic Management Process，SMP）也许并非是战略管理中的一个热门领域，以至于我们在经典的战略管理书籍中很难找到其清晰的定义。但在这里，我将其定义为"组织对自身战略进行管理的流程"，其中包括基本要素及先后次序等。

SMP 具有普遍性。这正如组织文化一样，不论组织是否清晰地意识到自身的文化，也不论这种文化是积极的还是消极的，它在客观上都存在自身的文化。战略与战略管理流程也是类似的。不论任何组织是否能清晰地识别出自身的战略以及相应的战略管理流程，也不论这种战略及其流程的质量如何，组织在客观上也必然存在自身的战略和自身的战略管理流程。

同时，SMP 也是相当重要的。因为它在很大程度上决定了一个组织的战略质量。在传统的 SMP 中，很多组织常将更多的注意力放在特定的产业结构或使命愿景等方面，但更大的问题是，它们常常忽略了 SMP 在战略管理中的重要性。正确的流程未必带来正确的结果，但不正确的流程一般无法带来正确的结果。

对于流程决定质量的观点，早在 1910 年泰勒在《科学管理原理》中就有很多的描述。比如其中提到的砌砖案例，研究者通过对标准条件下所有砌砖动作的仔细研究和流程优化，大幅提升了砌砖工人的单位产量，每人每小时的砌砖数量从 120 块提升到了 350 块，其方法主要是：①经过研究和实验，摒弃一些过去认为十分必要的动作，将原先的 18 个动作压缩到 5 个，某些情况下甚至 2 个，将单手操作改为双方操作，甚至连脚摆放的位置都有明确要求；②设计并使用简易工具，比如脚手架、木架等；③对工人进行挑选、培训与激励。

SMP 的情况也是如此。我们认为，对 SMP 的优化是当前提升战略管理质量最有效也是最迫切的途径。

因此，我们将首先介绍目前的 SMP 存在的问题。在此基础上，我们重点推出简洁高效并经实践反复检验的 RTMP（资源、目标、模式、计划）战略法。我们认为，一个高质量的 SMP 不仅应具有高质量的工作顺序，也应对每一环节有清晰的定义和方法。所以，我们还将在接下来的几章中花较大的篇幅对资源（R）、目标（P）、模式（M）和计划（P）的具体定义和实践方法进行详细的阐述。

第一节　传统方法的四大局限

传统方法在相当长的一段时间内被无数次重复，以致很多人可能已习以为常，但仔细思考，你会发现其中存在不少问题。

流程过于混乱

战略管理流程是组织对自身战略进行管理的流程，包括基本要素及先后次序等。从目前的情况看，虽然传统方法的要素基本相同，但人们对先后顺序及内涵逻辑可谓众说纷纭。

希尔、汤普森、巴尼等人认为，目标的设定应该在愿景使命之后、环境分析之前，依次是使命、目标、环境、选择、实施。而戴维则把远期目标的制订放在环境分析之后、战略选择之前，依次是使命、环境、目标、选择、实施。至于希特，并没有将目标设定放在整个流程之中，但把愿景使命放在环境分析之后，认为"通过对外部环境和内部组织的分析，公司可以获得形成愿景和使命所需的各种信息"，依次是环境、使命、选择、实施。

林奇的SMP貌似与希特一致，但其将组织目标与组织使命整合在一起，而且在战略选择阶段强调与战略发展及组织情况进行结合与监控。他把战略流程分为常规与突发两类。在常规流程中，战略的分析、制定、实施三个核心领域是依次进行的，先分析、再制定、再实施；而在突发流程中，上述三个领域是交织在一起的，彼此联系紧密且相互影响。常规流程包括：①"环境分析"（考察组织外部环境正在发生什么或将要发生什么）；②"资源分析"（探寻组织内部可获取的技术和资源）；③从上述两者进入"愿景使命和目标"（制定和回顾战略方向以及更具体的目标）；④"提出方案"；⑤"合理选择"，即根据既定标准对各种选项进行理性筛选；⑥大部分情况要考虑"未来战略的发展方向"，寻找战略前进路线，考虑刚刚出现的新信息，如果有必要的话做出适当的调整；⑦"考虑组织结构和风格"，考虑组织的管理方式、结构模式以及与运作风格结合；⑧"执行"，如果人们对选定的目标与战略达成一致，就要实施。此外，在战略执行与实施的过程中，组织也要对最初的环境分析和资源分析进行"长期监控"；在"未来战略的发展方向"和"考虑组织结构和风格"的环节，组织也要"至少一次"对愿景使命和目标进行回顾。所以，林奇的SMP更为复杂，依次为环境、使命、方案、选择（与结合）、实施。

相信如果查阅更多的文献，我们还会找到更多的流程。

但即便就这几个，由于要素的定义差异、缺失、顺序混乱等，也足以让一线的战略管理者感到困惑。对于众多的战略管理流程，正确的答案也许不止一个，但最优的方案永远只有一个。

起点过于理想

在很多文献中，战略管理的起点很多是愿景和使命。而愿景和使命通常都是宏大的、遥远的，与大多数中小企业的实际情况大相径庭，两者之间经常出现很大的脱节，制定出来的战略貌似逻辑严密，实则高高在上、落不了地。

有的企业将外部环境作为战略规划的起点，认为组织应该积极创造条件去把握外部环境中存在的机会或避免威胁。这种想法的理论基础应该是SCP（结构、行为、绩效）范式等产业组织方面的理论。但是，外部环境中的机会，并非任何组织都能把握的。因为组织的能力可能并不匹配，即便匹配，由于战略要素市场的存在且总是充分竞争（我们将在第四章中详细介绍），因此把握机会获得的收益也未必大于为获取战略要素而付出的成本，因此组织也不能获取超额回报。

所以有人认为"商业战略的任务是确定公司将如何在其环境中利用它的资源，实现它的远期目标，以及如何组织自己以执行这样的战略"，这种组织资源与外部环境之间的连接就是"战略配合"。"战略配合"往往决定着战略的成败，一个成功的战略应该是拥有战略配合的，而许多企业的战略失败也正是由于战略配合的缺乏。

环境过于庞杂

目前主流的战略管理文献中，对环境的分析都是内部、外部兼备的，在具体优势、劣势、机会、威胁的维度上，每个维度都有 10 个左右的构成因素。首先的问题是，这种分法是否合理并且可行。有作者认为，这实际上难以执行，因为"难题的关键在于将公司内部影响因素分为优势和劣势、将公司外部因素分为机会和威胁的做法是否明智且值得。根据实际经验，这样的分法比较困难"。

其次是备选方案的数量级问题。如果将这 40 个因素全部进行两两匹配，大约可以生成 180 个备选战略，这样数量级的备选方案显然是没有意义的，可能会造成很多无效的工作。

最后，就内、外部环境的重要性而言，两者对组织及其战略的影响程度也不应完全相同。我们需要找到的是战略管理中决定性的因素，进而顺藤摸瓜，而非一味贪大求全。

连接过于虚幻

一般而言，从规划完成到战略实施之间需要有一个自然的过渡和连接，以便企业把规划的内容转换成可被日常操作的且能被监控评估的事项。而在传统的方法中，这部分经常是缺失的，千篇一律的业务层和企业层战略之后，就是很笼统的实施和评估。在企业运营的实践中，这是远远不够的。

所以我们可以看到，传统的 SMP 在开始、中间、结尾乃至整个流程中都存在着一定的缺陷，造成的结果就是战略归战略、实践归实践，战略看上去很美、很丰富，但与实践严重脱节，难以执行。

第二节　RTMP 战略法的含义和优势

RTMP 的含义

RTMP 是一种以实践为导向的战略管理流程，也是一种务实进取的思维方式。

在 RTMP 中，R 代表资源（Resource）。我们首先把识别组织内部的优质资源，包括能力，视为一切战略管理的唯一出发点。需要注意的是，并非所有的资源都能用来作为战略规划的基础，只有属性秉异的资源才有可能成为持续竞争优势的根本来源。如何识别这些资源？我们将在后面章节详细介绍。

T 代表目标（Target）。在识别出自身的战略资源之后，我们也会以此为准，适当考虑外部的机会及竞争，然后建立组织的目标体系。如果没有目标，组织将不是组织、管理也将不是管理。目标体系包括等同于远期目标的愿景和使命、3~5 年为跨度的中期目标，以及以一年为周期的近期目标。

M 代表模式（Model）。有了目标之后，组织就需要对业务层的商业模式、集团层的多元化模式进行梳理。集团层战略的核心是各业务的多元化模式；而业务层战略的核心是自身的商业模式，也就是我称为 4P（产品、价格、渠道、促销）的四个方面。可以说，模式是整个战略管理的重点，也是连接目标与计划、客户与组织的重要载体。战略管理的一个主要任务，就是围绕目标体系，把业务层的商业模式和集团层的多元化模式梳理清楚。

P 代表计划（Plan）。有了目标和模式之后，在具体实施前，组织还需要制订详细的计划。如果没有计划，一切都是空穴来风、纸上谈兵。计划需要产出的文档，我们将在之后章节详细介绍。这些计划不仅在战略规划与战略实施之间起到连接作用，也将贯穿于整个战略实施和战略评估环节。只有这样，战略才能有始有终、落到实处。

整个 RTMP 如图 3-1 所示。

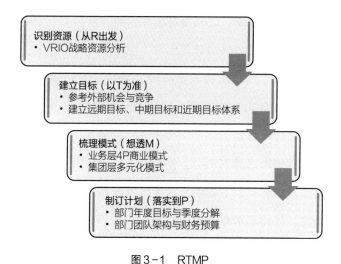

图 3-1 RTMP

我们也可以将 RTMP 归纳为四句话：①从 R 出发，即从自身资源出发；②以 T 为准，制订明确的目标，并以此为准绳；③想透 M，反复地、实时地对模式进行推敲、优化；④落实到 P，资源、目标和模式都不是虚幻的，相互之间要充分结合，并且最终落实到计划 P，组织所有的日常工作应该紧盯计划，包括其中的绩效管理。

RTMP 与组织

RTMP 的特点在于：①流程完整清晰，从识别自身的战略资源出发，到确定目标，到业务层和集团层的模式梳理，到最后细化到部门和季度的计划的制订，整个流程不重复、不混乱，非常完整、清晰；②从资源出发，而非从高大上的愿景和使命、纷乱复杂的内外结合等出发，也是务实和可行的，充分利用自身优势，往往意味着更容易获得成功，很多时候"有什么"比"要什么"更重要；③战略的复杂性和盲目性大大降低，通过传统方案也许可以得出几百种备选方案，而 RTMP 虽然也会适当考虑外部机会，但由于没有其他因素干扰，也受自身资源制约，盲目选择的范围将大大缩小，备选的战略方案更为精准；④将业务层战略、集团层战略、竞争战略、部分运营策略等统一整合为商业模式和多元化模式，也是抓住了战略管理的关键，化繁为简；⑤计划环节强调落地，彻底避免一流战略、三流执行的情况出现。

在传统理念中，对极少数资源异常丰富的超大型企业来讲，它们的资源似乎取之不竭，因此被认为可以随意去把握任何外部机会。首先，我们承认超大型企业拥有的广阔资源让它们在检视外部机会时更为主动，但我们要明白，资源包括能力，并不单单指可以通过资产负债表展现出来的资金或实物资源，还包括人才、能力等更为复杂、更为高阶的资源，单一的资金并不能完全决定一项业务的成败，而高阶资源与组织规模之间并无必然联系。其次，如果我们站在市场的角度，从资本回报率之类的指标去衡量企业经营的质量，应该没有一家企业会希望自己财报的 ROE（净资产回报率）等指标被胡乱投资影响。最后，从竞争角度去看，现在几乎所有行业都是高度竞争的，如果能把更多的资源聚焦到有限的领域之上，取得成功的概率或建立竞争壁垒的机会也会越大。我们在后面章节中谈到的华为案例也说明了超大型企业保持适度聚焦的重要性，华为将自身巨大的资源全都"集中进攻城墙的一个小洞"，这也是华为取得成功的重要原因之一。

组织的另一个极端是非常小型甚至"一无所有"的组织。它们认为自己没有资源，所以无须按 RTMP 去进行资源识别等工作。但我还是要重申，组织资源并不只是资本资源，人才——哪怕只有一个老板——也可以视为一种资源。站在这个角度，很少有真正"一无所有"的组织，因此它们也需要对相应的资源进行分析，并进行下一步的战略规划。另外，如果组织真的认为自己没有任何具有相对优势的资源，那也许组织就没有存在的必要了，因为拥有一定的资源是实现任何目标的必要条件。

RTMP 与个人

我们之所以讲"人人都是战略官"，一是因为希望通过这本浅显易懂的战略书，能让大家了解企业实战中首席战略官和战略管理部门大致的工作情况；二是因为每个人通常都在一个组织内担任一定的职务，如果大家能很好地理解组织战略和岗位策略，具备战略性的思维方式，那对自身事业的发展显然是大有裨益的；三是因为 RTMP 也是一种强调务实、注重结果的思维方式，它对于个人的职业规划乃至生活的很多方面也都有非常大的参考价值。

记得在我博士答辩的尾声，有位教授问我研究过程中感觉帮助最大的文献是什么，并要求我进行具体的解释。我说是巴尼等人合著的《资源基础理论：创建并保持竞争优势》。一是因为这本书在大量的相关文献之中，几乎是唯一一本非常清晰地阐明了战略管理的理论发展特别是资源基础理论来龙去脉的著作，可谓脱颖而出；二是因为它及其相应的 RBT（资源基础理论）作为我整个研究和论文的理论基础，其科学性和实用性是经得起理论和实证的检验的；三是因为这本书也让我领悟到自己先前在工作上走过的一些弯路，甚至找到了自己之前没有更加成功的一些原因，我希望在今后的研究（也就是这本书）中能把我的这些感悟展现出来。

RTMP 对个人而言，意味着你首先要分析自己的长处，而不是虚幻、多变的外部环境。因为即便是再普通的人，也会有自己相对而言比较擅长的领域。而一个人的发展规划应该是找到一个能发挥自己长处的领域，然后持续地发力，而不是盲目跟风、盲目去做一些自己并不擅长的事情。

站在这个角度，人与人之间的差异可以包括三个方面：一是一个人能否找到他真正的天赋、他真正拥有的战略性的资源和能力，这并不是必然的，很多人也许并不会去认真思考这个问题，也有人是没找到、没找准，或者有天赋却没有培养出关键的能力等；二是一个人的能力大小，包括擅长领域的多寡、深浅，以及市场影响力的大小等；三是能力与事业的匹配度，也就是你从事的事业是否是你真正擅长的领域。在这三个方面里面，很多人认为能力大小是最重要的，但在我看来，能力与机会的匹配度才是最具决定性的。天生我材必有用，但好钢要用在刀刃上。每个人多多少少有自己的能力，或大或小，如果将同样的精力、同样的资源投入到自己擅长的领域，那么一定比投到其他领域，哪怕是所谓的热点、趋势而取得的成就更大。

所以在现在乃至今后的社会中，扬长比避短更为重要，而且重要得多！这事实上是一种思维方式——一种专注于建立自己独特资源和能力，然后物尽其用，找到一个平台将这些资源和能力用到极致的思维方式。做好百件事不如做爆一件事。人们记住梵·高是因为他是一位著名的画家，而不是因为他曾经做过艺术品交易商或传教士。

RTMP对个人而言也不只是"从R开头、以T为准"，它还需要你不断地去优化自身的模式和路径，制订详细的、可行的计划，并且持之以恒地去执行、去坚持。

现在有的年轻人或大学生比较迷惘，认为现在社会的机会很少；有的又好高骛远，恨不得一口气平步青云、呼风唤雨。但在我看来，这个社会乃至古今中外，总体上讲都是比较公平的。只不过有时候你的努力，并不会立竿见影地产生肉眼可见的效果。但这种努力跟造房子打地基一样，都是必不可少的。没有地底下看不见的地基，就没有地上面的万丈高楼，哪怕建平房都会被大风吹倒。一个人如果缺少这样的基础、这样的历练、这样的耐心，一般来讲也不会有很大的成就。

但资源（包括能力）的积累并不是一蹴而就的，它需要假以时日，需要"劳其筋骨、饿其体肤、空乏其身"，但你只要能静下心来，真正把自身的情况想清楚、分析清楚，慢慢地、脚踏实地培养出自己的核心能力，总有一天，你会取得最大的成就。

我以前跟应届大学毕业生讲过，大学阶段在战略上来讲，就是让你培养自身战略能力从而在社会上立足发展的机会。这个机会你把握了也好、浪费了也好，我们暂且不提。因为现在的社会跟古代不一样，现在只要你想学，是一定有机会、有渠道去学习的。那大学生在找工作的环节应该怎么做？我的建议就是要找到最能发挥自己长处的行业和岗位，而不仅仅是薪酬福利好的或者自己最感兴趣的。当然，两者有重合自然最好，但如果只能二选一，还是要找自己擅长的工作，因为那才是利益最大化的选择。

第四章

RTMP战略法第一步：识别自身资源

我们接下来会介绍 RTMP 战略法的具体步骤和模块。首先，我们介绍资源模块。在介绍如何进行资源识别之前，我们先简单回顾一下相关的理论。

第一节　战略管理中的一个重要理论——资源基础理论

学术界普遍认为，在战略管理学科，最为核心的研究命题是"组织间持续竞争优势的产生原因和促进方法"。对于这一命题，历来主要有两种观点。最早出现的是产业组织理论，其核心内容是 SCP 分析模型。S 代表市场结构（Structure），C 代表市场行为（Conduct），P 代表市场绩效（Performance）。SCP 分析模型由贝恩和梅森于 20 世纪 30 年代提出，他们认为市场结构、市场行为、市场绩效之间存在因果关系，即市场结构决定市场行为、市场行为决定市场绩效。在此之后，产业组织理论及 SCP 分析模型不断发展，其中包括波特提出的"五力模型"。可以说，五力模型是 SCP 分析模型最重要的应用和深化。

随着社会与经济的发展，学者逐渐发现产业组织理论存在不少局限，不再能很好地回答有关持续竞争优势的问题。主要是：①手段的正当性。企业的竞争优势是有可能来自比竞争对手更有效地满足客户需求等因素的，而不只是依靠压制竞争这样的单一手段。②假设的合理性。SCP 分析模型是基于产业竞争越强、社会福利越好的经济学假设的，但后来一些反垄断案例却表明，较强竞争优势或较弱产业竞争下的企业利益也有可能与消费者利益或社会总福利达成一致。③来自实证的挑战。鲁梅尔特一项为期四年的实证研究表明，只有 16% 的企业绩效差异是由产业特性导致的，却有超过 80% 的企业绩效可以归因于企业特性。

与此同时，另一种观点——资源基础理论却蓬勃发展，并逐渐占据了主导地位。20 世纪 80 年代，维纳费尔特和巴尼等人，在对独特能力、李嘉图地租分析、彭罗斯企业成长、反托拉斯、无形资产、基于能力的公司多元化等方面研究的基础上，正式提出了资源基础理论。

最早发表资源基础观点的是维纳费尔特，但其初衷只是为了研究企业资源与市场定位之间的联系以作为 SCP 理论的补充。所以，他在 1984 年的论文中只把自己的想法称为"资源基础的观点"（RBV），因为那虽然是从企业资源的角度出发，但求证的还是市场地位决定竞争优势的命题。但在研究过程中，他发现企业的市场地位实际上是它控制资源的一种反映，所以企业间市场地位的竞争就是企业控制资源的竞争。

巴尼是在维纳费尔特之后才提出相关观点的（1986 年），但他之所以被认为是资源基础理论的开创者，主要在于他的观点是清晰建立在对 SCP 理论的全面批驳上的。巴尼认为战略要素市场的完全竞争，导致了产品市场竞争理论并不足以解释企业间的持续绩效差异，相反，他明确指出，与外部资源相比，一个企业已控的资源更可能成为企业经济租金的来源。这也标志着资源基础理论的正式确立。

需要强调的是，我们现在之所以能摆脱外部主导、结构主导的产业组织理论的束缚，将战略视角从外部转入内部，其中一个原因是对"战略要素市场"的深入剖析。巴尼将"战略要素市场"定义为"企业获取或培育其实施产品市场战略所需资源的场所"，然后证明了，如果战略要素市场是完全竞争的，那么在要素市场中获取资源的成本将等同于实施市场战略创造的绩效，除非企业是足够幸运的或是对某种资源具有非凡的洞察力。而在现实中，战略要素市场基本是完全竞争的，所以，即便企业成功地实施了市场战略，但由于战略要素市场的成本问题，也不能成为企业竞争优势的来源。

RTMP 战略法正是遵循了资源基础理论的核心思想，把准确识别内部的核心战略资源作为战略管理的第一步。只有这样才能确保整个战略管理过程的科学性，并最终为组织带去持续的竞争优势。

第二节 如何识别自身的资源

我们先举个例子。有个小老板，一天突发奇想要赚个"小目标"（1 亿元人民币），然后他分析了外部环境，发现哪里挖矿赚钱、哪里做房地产赚钱，然后呢……若问他现在到底有什么，他说"我就会做桂林米粉，租了个店面"。那他的战略应该从挖矿和房地产开始，还是从米粉和店面开始？当然，普通人也有做房地产老板的，米粉店也可能赚 1 亿元，但不同战略背后的曲折度和成功率可能也相当不同。

RTMP 战略法就是要求组织把自己手上有的资源先盘点清楚，然后再去把握相应的机会，而不是南辕北辙、事倍功半。其具体步骤如下。

建立资源列表

什么叫资源，我们的定义主要强调它的三个特点：①它是为组织所拥有或掌控的，也就是说，首先得是你自己的东西；

②它有价值，我们在先前介绍 VRIO 框架时已经讲过，所谓有价值，就是能帮助组织去把握机会或规避威胁，它得是有用的东西；③既可以是实物，也可以是虚拟的、无形的资产或能力，比如专利权、品牌认知、手艺技术、组织能力等都是资源。

有人将资源分为有形资源、无形资源和人力资源三种。他们认为有形资源是最容易被识别和评估的，因为它基本会被登记在财务报表之中，虽然成本摊销法并不足以评估该项资源在创造竞争优势方面的潜力；无形资源一般比有形资源更有价值，比如品牌，但商誉资产也不足以反映其实际作用，因此普遍存在被低估的情况，并可在很大程度上引起相关公司市值的波动与差异；人力资源由雇员的专长和努力组成，因为虽然公司并不拥有它的雇员，但从现实中的情况来看，雇员是相对稳定的，美国雇员的平均服务时间是 4 年、英国 8 年、希腊 13 年。

而能力作为一种特殊的资源，其识别的方法主要有两种。一种是根据功能分析法识别出公司的主要职能领域及其常见的组织能力。比如，公司在职能领域，有财务控制能力、管理开发能力、战略创新能力、多部门协调能力、收购管理能力、跨国管理能力等；在信息管理领域，有管理决策部门连接到 MIS（管理信息系统）的能力等；在研发领域，有研究能力、创新产品开发能力、快速循环开发能力等；在产品设计领域，有设计能力等；在市场营销领域，有品牌管理能力、良好声誉建立能力、市场趋势反应能力等；在销售分销领域，有促销执行能力、订单处理能力、分销能力、顾客服务能力等。另一种识别方法是依据价值链进行分析，迈克尔·波特将其分为基本活动和辅助活动。基本活动包括内部物流、运营、外部物流、市场营销与销售、服务等；辅助活动包括采购、技术开发、人力资源管理、企业基础设施等。

我们识别资源的第一步，就是要召集战略小组成员，分别用表格的方式，列出组织拥有的全部资源（包括能力），并记入表格最左列。只要是组织实际拥有且有价值的资源，不论有形无形、是否稀缺，一概全部列入。然后，我们可以经小组讨论或按多数原则汇总成一张"组织资源列表"。

资源量化分析表法

接下来是对列表中各资源除价值属性之外的其他属性进行判断。因为资源定义中已天然带有价值属性（V），所以现在只需要对稀缺性（R）、难以模仿性（I）、组织属性（O）进行判断。

需要注意的是，稀缺性与难以模仿性比较容易混淆。我们在这里，把稀缺性侧重理解为当前的、行业的、客观的数量占比，而将难以模仿性侧重理解为远景的、预测性的部署难度或进入门槛。所以，稀缺性具有地域性、时效性和相对性，它是指对于当前的、一定范围内的同行而言是稀缺的，而未必是永远稀缺的，也不是与不相关的产业进行比较。比如，线下餐饮门店通过互联网支付进行收款（不是指银行卡），这在中国已经比较普遍，因此并不具有稀缺性；而目前在葡萄牙的里斯本，互联网支付可能并不多见，因此仍具有稀缺性，但如果过 5 ~ 10 年，里斯本的互联网支付也可能是另外一个局面。

对于难以模仿属性，虽然是基于对未来远景的预测，但也具有一定的时效性。比如，你让一百年前的人预测人工智能是否出现，哪怕只是最基本的人脸识别，也许很多人都会认为不太可能。另一个需要注意的是，这个属性要求的并非完全不可能模仿，而是模仿难度或成本比较高。也就是说，如果对手后期模仿的代价过高的话，这种模仿将失去成本优势，也可认为其难以模仿性是成立的。

在组织属性方面，要求能通过组织与协调，对某项资源进行有效的、充分的利用，使其发挥出相应的功效。从这个意义上讲，组织属性的功能在于将资源价值转化为现实的利润，起到的是桥梁作用。所以，这个要求既不高（没有要求组织必须围绕这个资源）也不低（要求能充分发挥资源的效用）。

接下来，个人或小组成员分别对所有资源的稀缺性（R）、难以模仿性（I）、组织属性（O）属性进行独立判断。其步骤为：①各成员将1~4分填入不同的属性列中，1分代表属性非常不成立，2分代表一般不成立，3分代表一般成立，4分代表非常成立；②然后将各小组成员同一单元格的打分取平均值；③均值应介于1~4分，小于或等于2.5分代表该属性不成立，大于2.5分代表该属性成立。这步也可以简化为按绝对数量多少进行统计。

将所有资源分为三层

在得到各资源VRIO属性是否成立的数据之后，我们可以将资源分为三层。第一层是普通资源，只具备价值属性（V）和组织属性（O）。它的战略意义是可能为企业带来竞争均势。第二层是稀缺资源，同时具备价值属性（V）、稀缺属性（R）和组织属性（O）。它可能为企业带来暂时的竞争优势，并且这种优势将持续到对手完成模仿为止。第三层是战略资源，同时具备价值属性（V）、稀缺属性（R）、难以模仿属性（I）和组织属性（O），如果用它来构建组织战略，将为组织带来持续的竞争优势。三层资源如图4-1所示。

图4-1 资源分层

在对企业内部的资源进行充分的识别后，我们应挑出符合 VRIO 全部属性的"战略资源"并进行之后的战略规划工作。

我们需要明白的是，三层资源各有各的特点，因此低层资源未必可以通过"努力"而"晋升"为高层资源。所以，如果组织并不具备战略资源，则可以在抓紧物色、培养战略资源的同时，暂时按照稀缺资源来进行战略规划，因为稀缺资源产生的竞争优势可以持续到对手完成模仿为止。

但如果组织连稀缺资源都不具备，原则上并不具备进行战略规划的基础。对这样的组织而言，抓紧物色、积累、培养自己的高层资源，比盲目进行战略实践来得更为重要。

第五章

RTMP 战略法第二步：建立组织目标

在明确自身的战略资源或稀缺资源（有什么）之后，我们应着手制定目标体系（去哪里），包括业务定位、远期目标、中期目标、近期目标。

组织目标是成体系的。从开始的业务定位、抽象的组织使命、具象的远期目标，到远期目标的分解和中期目标的设定，再到近期目标的设定，过程中每个节点都环环相扣、不可或缺。

第一节　如何进行业务定位

业务定位就是指要明确组织具体从事的业务或范围。从这个角度而言，业务定位与组织使命有相同之处。我们对业务定位有四个要求。

业务定位要求之一：明确

首先，业务定位应该是具体的、明确的，而不是笼统的、模糊的，比如"要赚很多钱""进军电影行业"这种都太模糊了。虽然定位可以随着时间的变化而变化，比如刚进入行业时只是做电影的国内发行，后来变成制作加发行，再后来变成制作、发行、院线全产业链，但在某一特定阶段，定位还是应该具体而清晰的。

业务定位要求之二：匹配

其次，组织选择的业务应该与自身的战略资源是呼应的、匹配的。也就是说，组织选择的业务应该是自身战略资源（VRIO 属性全部都满足的资源）擅长或支持的业务。我们也许很难给出一张资源与行业的对应关系表，但资源和行业的对应关系依然可能存在。比如，资金实力雄厚的组织可能更适合进入金融或其他资金密集型的行业；拥有专利技术的组织可能更适合把相应的专利进行商业化；等等。

业务定位要求之三：空闲

再次，组织进入的行业应该是较少竞争的。任何所谓的竞争战略，本质上都是基于差异化的，比如产品差异化、服务差异化等。即便所谓低成本策略，也可以理解为是一种价格上的差异化。显然，一个行业的竞争越激烈，实现差异化的难度也越高。在当年的团购大战（2010—2015 年）中，中国有 5000 家左右的网站在进行着同质化的竞争。其中的情况，也许大家可以从下面这篇写于 2012 年的文章中略见一斑。

参考案例

团购行业的"千团大战"

2008 年 11 月，一个名叫安德鲁·梅森的人创办的网站"Groupon"在美国芝加哥正式上线，这个网站的诞生也开创了一个类似谷歌式的商业传奇。这个网站最引人注目的就是它惊人的销售增长。Groupon 上线 7 个月便开始盈利，2010 年的年收入达到了 20 亿美元，被《福布斯》杂志评为史上成长最快的公司。Groupon 可以说成为继 Facebook 和 Twitter 之后，最受美国人追捧的新兴互联网巨头。

互联网缺乏的永远不是资金，而是诱人的概念。Groupon 与传统的 B2B（企业对企业的电子商务）、B2C（企业对消费者的电子商务）、C2C（消费者对消费者的电子商务）不同，而是 B2T（Business To Team，企业对团队的电子商务）。每一个概念都会引发各种风险投资基金春心萌动，最后大多数却是伤痕累累。这次 B2T 似乎已经是无懈可击的，Groupon 在全世界引来了数以万计的模仿者。

团购也引爆了中国互联网，并已经成为冒险家的乐园，各种资本蜂拥而入。仅仅一年时间，中国的团购网站就从上百家增长到几千家，"百团大战"变为"千团混战"。Groupon 与腾讯合作，并引入虞锋、马云、史玉柱等人发起的云峰基金，开创的"高朋网"也成功杀入中国团购市场。

在繁荣的团购背后，我们也看到很多隐忧。团购网站设立门槛相当低。通过网络很容易找到一个团购网站的模板软件，两三个技术人员外加有限的销售人员就能迅速把一家团购网站搭建起来，最低只要万元左右。由于参加团购的都必须交纳一笔预付费，因此，对于网站的运营者来说，基本上是无本的生意，只要有一单生意就可以赢利。

在产品与服务方面，团购网很难形成差异化，各团购网站提供的团购产品或服务同质化非常严重，基本都局限于那些具有本地特色的餐饮、休闲和娱乐上，主要包括饭馆、酒吧、KTV、水疗、美发、瑜伽、特色食品、化妆品等。中国电子商务研究中心和中国诚信网络团购联盟联合发布的《2010 年中国网络团购调查报告》称团购行业存在十大隐忧，其中排在前列的包括：商品与实际不符，用户受欺骗；哄抬团购量，造成热抢假象；团购企业诚信难测，售后服务无保障；等等。

在推广上，大家都打广告，就等于都"没打广告"，过多的明星代言和狂轰滥炸的广告，其实从某种程度上稀释了广告的品牌效应。用户忠诚度非常低。通过砸广告换流量的做法只能说是饮鸩止渴。

在盈利上，同质化模式的必然结果是业内企业大打价格战。单靠团购本身已经很难赚钱，团购网站需要继续加大市场推广和售后服务的力度，而高额的广告成本则将加速运营现金流的短缺。进入行业之后的竞争门槛其实非常高，包括资金储备、商业价值挖掘开发和赢利模式的不断调整，都需要大量资金支持，持续烧钱成为存活下来的必备筹码。

团购网站的出路就跟当初视频网站与 SNS（社交网站）一样，需要经历一次大浪淘沙。一番混战后，只会有几家具备核心竞争力、资金雄厚、各地分公司管理能力强的能活下来。团购网能否给处于水深火热的电子商务带来彻底的转机呢？答案显然是否定的。不仅中国的众多团购网，连团购的始祖 Groupon 也面临同样的难题。虽然 Groupon 在创立初期曾盈利，但由于规模不断扩大，不断兼并，其销售额的增长幅度远远小于其营销推广费用，因此也处于不断烧钱的阶段。就算团购能成气候，它带给互联网的改变也不是革命性的，只是传统电子商务的一个补充。

上面这篇资料中的很多观点也许在我们现在看来并不足为奇，但那是写于 2012 年团购热潮并未完全褪去的时候，所以也算难能可贵，也说明文章对业务定位时需要对竞争环境进行充分考虑的要求理解得很到位。

《定位：争夺用户心智的战争》一书中也有一段话很好地概括了这种状况："对于每一类产品，潜在顾客的心智中差不多都有一个这样的梯子：市场领导者在最顶层，第二名在第二层，第三名则在第三层。梯子的层数各异，三层最为常见，七层可能是最多的了（七定律）。有些梯子有很多层，其余的梯子只有两三层，甚至是空的。一个竞争者如果想要增加市场份额，必须要么挤掉产品阶梯上位于它上面的品牌，要么想办法把自己的品牌同其他公司品牌的定位关联起来。如果心智阶梯上排在上面的品牌地位稳固，排在下面的品牌要想在阶梯上往上移是极为困难的。广告主如果想要推出一个新品类，就必须在心智中带出一个新阶梯"。

《蓝海战略》也有类似的描述："蓝海战略是通过根本性的差异化来创造全新的行业，而不是通过模仿现有商业模式在当前行业中竞争。相对于在传统的绩效指标下超越对手，金教授和莫博涅教授更加倡导创造新的、未充分竞争的市场空间，他们称之为价值创新。"

在《定位：争夺用户心智的战争》和《蓝海战略》这两本书中提到的"心智新阶梯"和"差异化价值创新"，都是我们在定位时需要考虑的重要因素。

业务定位要求之四：终局

我们之前谈到，一些超大型企业的资源也许已经非常富足，达到了一种类似独孤求败的境界。这时，它们就可能需要在组织使命的指引下，考虑更多的"产业终局"，从而确定自身在未来终局中需要从事的业务或需要占领的位置，然后再反推当下的业务定位。当然，这种对终局的判断显然并不局限于超大型企业，任何组织在进行业务定位时都需要进行充分的研究，否则就可能"事倍功半"。

另外，对产业终局及其落脚点的判断，也属于战略能力的一种，需要充分结合虚与实、未来与现实、主观与客观等各方面因素，也有可能出错。所以在互联网时代，也有组织通过"战略实验"来进行快速的迭代和试验。下面这篇文章节选自阿里巴巴前总参谋长曾鸣教授的著作，里面谈到阿里巴巴早年通过战略实验对有关业务进行校验，包括召开年度战略会的一些情况。曾教授是我当年进阿里巴巴时第二位面试我的人，虽然战略实验的做法也许并不具有普适性，但我相信他的分享能让你有所启发。

参考案例

阿里巴巴在产业终局与战略实验间的高效闭环

环境越快速多变，针对未来的长期思考越重要。基于这种长期思考，形成对未来变化的某种判断，就是我们常说的远见（Vision）。远见显示了你对未来最有可能发生的"产业终局"的一种判断，这个判断是你的一个假设，这个假设要不断地被实践验证和挑战，然后被不断纠正。这个实践就是快速行动（Action）。这里的行动不是盲目行动，而是有纪律的实验（Disciplined Experiment），也就是说，这是在远见指导下的尝试，目的是看这个行动是不是有正确的方向。如果是，就要加大投入的力度；如果不是，就要放弃。这是一个持续实验的过程，远见越来越清晰、行动的方向越来越清楚、战略越来越明确、资源投入也越来越多。传统战略制定的过程变成了远见和行动的快速迭代，这是一个动态调整的过程。

这种新战略的核心难点在于：一方面，远见一定要快速找到落地点，不能大而空，否则只是空想，无法落地；另一方面，不能盲目跟风，要能不断地总结思考，形成对未来的独特判断。这种"虚实结合"是很难的一种技能，需要长期训练，也需要团队配合。既然是对未来的判断，就有不确定性。无论你如何收集信息、思考、推断，当你最后做决定时，总有一步叫基于信念的那一次跳跃（Ieap of Faith），你最终的决定必然基于信念。所以，远见其实也是理性和感性的一个结合：理性的一面，你要不断地挑战自己，纠正自己的判断；感性的一面，你最终依靠的还是自己对自己信念的相信。这是一个非常重要的辩证思考。

2006 年加入阿里巴巴后，年度战略会是我的工作重点。2007 年 9 月 28 日至 9 月 30 日，在宁波召开的阿里巴巴战略会可能是阿里巴巴历史上最重要的一次战略会。首先，当时集团的状况并不太好。今天阿里巴巴的发展势如破竹，但是在 2007 年 9 月，公司的市值也就是 100 亿美元左右。当时，在淘宝急速扩张之后，"下一步往哪儿走"的问题在内部有非常激烈的争论。淘宝总裁一口气引进了 6 位副总，每个人对公司未来下一步该怎么发展都有很不一样的见解；在集团层面，大家也没有共识。其次，淘宝和支付宝经常发生摩擦，核心原因就是支付宝到底应该是淘宝的一个职能还是应该独立向外发展。我记得很清楚，我到阿里巴巴工作的前半年，大部分时间都在协调淘宝和支付宝的矛盾：到底是淘宝该支持支付宝向外扩张，还是支付宝应该好好服务淘宝的各种需求？更不用说雅虎中国，经过两年左右的努力，没有看到任何起色。我们当时最重要的一个创新——阿里软件也没有发展方向。当时，整个集团的状况其实相当迷茫。

那次会议，我们给自己定了一个目标：希望能够探讨一下未来十年阿里巴巴到底该往哪个方向去，应该有一个什么样的战略。阿里巴巴平时开战略会都是在西湖附近，但那次，为了表达我们对未来的向往，我们到海边去开会，看看大海，大家会有一个更开阔的视野。那时，秘书可能对宁波不太熟悉，订了一个五星级酒店，把我们关在总统套房里开会，我们发现连海在哪儿都不知道。所以就会议环境来说，那次会议是最糟糕的一次，因为连地也够不着，很不接地气。大家被关在一个密闭的房间里吵得不可开交，非常艰难。但是，会上发生了一些神奇的事情，我到今天都没有太理解，因为我们的确确定了一个未来十年的战略。讨论到最后我们突然总结出一句话，这就是阿里巴巴未来十年的战略，"建设一个开放、协同、繁荣的电子商务生态系统"。

我举阿里巴巴这个例子是想说明，其实当你觉得看不清未来、公司业务陷入迷茫的时候，真正应该花时间琢磨一下未来，对未来形成一个判断，反而能把公司带向一个全新的格局。

当你看不清未来又必须做决定，怎么办？对于非常关键的战略决策，你可以考虑用战略实验的方法来保证跟上大趋势。2011年，阿里巴巴做了一件很夸张的事，这是商业史上都很少有这样的例子。那时，淘宝如日中天，2012年就到了1万亿元的规模。那年，我们把淘宝拆成三家独立的子公司——淘宝、天猫和一淘，找了三个最厉害的领导者去带这三个团队。当时集团跟这三家公司讲得很清楚，让它们就按照自己对未来的理解拼命地往前闯，即便相互竞争也没关系，目标就是把对手干掉。为什么会有这么激烈的一个动作？为什么愿意耗费这么大的资源和组织成本来做这件事？原因其实很简单，2009—2011年，公司争论了三年，大家对于未来的产业终局无法形成一个统一判断：未来到底是B2C，还是淘宝这样的C2C，抑或是一个搜索引擎指向无数小的B2C。小的独立B2C其实像美国的格局，即电商的流量都是在谷歌上，谷歌把流量导给无数的小的B2C网站。比如，亚马逊的流量其实并不太高，它只是一个买东西的地方，大多数人不会在上面进行购物搜索等。

我们在2011年的时候，其实无法确定中国会不会往小的独立B2C的方向发展，由于无法就未来的判断达成共识，内部资源的分配就很困难，导致大家天天"打架"。这个问题怎么解决呢？最后公司决定让大家到市场上去试，看未来的趋势到底怎么样，游泳过程中得到的真实感受才代表未来。所以我们就把这三家公司"扔"下去干。干了一年很快就清楚了，所谓的购物搜索这条路不存在，因为那个时候淘宝、天猫的基础设施已经非常强大，大部分人发现独立的B2C成本太高。在淘宝、天猫这个"面"上做生意，其实是把绝大部分的成本都分摊了，所以它们才能够快速、低成本地运营。由于没有独立B2C的存在，搜索的流量入口也就失去了价值。一年后，一淘就变成了一个部门，重新回到阿里巴巴。

有的时候，我们可能会用相当极端的方法来测试对未来的判断是否正确。很多传统企业有时候会很不服气，觉得互联网企业的管理这么混乱，看起来像无头苍蝇在那儿乱飞一样，但是为什么它们好像还做得很好？很重要的一个原因是，大家对战略的理解是不一样的，包括相应的资源使用。对于互联网企业来说，或者说对于未来的竞争来说，由于整个市场变化得太快，方向又不明确，所以通过行动实验摸索出新的方向是第一位的，为了试出这个方向，浪费一些资源是完全值得的。有人会说淘宝早期是野蛮生长，有时候会出现三五个团队在做一件类似的事。虽然看起来他们做的事情很相似，但是他们背后的思考，甚至做事情的基础是不太一样的。有时，我们会看着团队运行一两年，这个时候再下结论说哪个团队代表了未来，这件事就交给他们做，解散其他几个团队。这样做牺牲的是短期的资源使用效率，但换来的是在一个正确的战略轨道上不断向一个更加振奋人心的远见和未来挺进。

你的确要具备一种新的核心能力，就是在预判未来和当下行动之间形成非常高效的反馈闭环。这样的话，你可以让自己的预判足够优化。没有谁真的能看懂十几年以后的事，只是你一直在看，然后在做的过程中，只要比别人快半步就够了。反过来，我们也看到很多人盲目跟风，虽然他们在快速行动，但是行动没有方向指引，最后可能不知道走到哪儿去了，真正的大浪一过来，这些人就消失了。在这个新的时代，战略制定和执行最关键的一点是一定要逼近最接近未来的那条主航道。在这个过程中，不要顾忌一些资源的浪费。不停尝试、不停转变绝非阿里巴巴的专利，现在几乎所有的巨头企业都在做着类似的事。谷歌的创新实验室就是一个典范，很多创新业务，例如基因诊断、无人驾驶都是这个实验室孵化的。谷歌甚至把母公司改名为 Alphabet 就是希望超越传统的搜索业务。（改编自《智能商业》。）

一种量化的定位方法

下面介绍一种我自己独创的业务定位法，我将其称为量化定位（Quantitative Positioning，QP）法。它的好处是能在一定程度上考虑到上述四个方面业务定位的要求，并使用量化的方法代替或优化人为的选择。其步骤为：①新建一张表格，在最左列填入重要的外部机会；②用 1 ~ 4 分给这些外部机会的竞争程度进行打分，并填入第二列，1 分代表竞争非常激烈（如有多于 7 家的竞争对手），2 分代表竞争比较激烈（如有 4 ~ 7 家竞争对手），3 分代表竞争不太激烈（如只有 1 ~ 3 家竞争对手），4 分代表没有竞争；③用 1 ~ 4 分给自身各项战略资源能在这些机会中发挥作用的程度进行打分，并填入第三列，其中 1 分代表不能发挥作用，2 分代表可以发挥较小的作用，3 分代表可以发挥较大的作用，4 分代表可以发挥决定性的作用；

④将第二列的"竞争分值"与第三列的"作用分值"相加得"机会总分"，并填入第四列；⑤按第四列"机会总分"降序对表格进行排序，理论上排在最上部（总分最高）的是组织最应该把握的外部机会，也是组织应该选择的业务定位。

QP 法的一个高级的应用是，对竞争和匹配分配相应的权重，而不是上述这种五五开的情况，或加入与产业终局的吻合程度。如果更重视资源的作用，可以分配 60%~90% 的权重；如果更重视行业的竞争，也一样。

我们还可以通过小组讨论或访谈的形式，让更多的人参与量化定位，集思广益，从而让定位的结果更加精准。

需要说明的是，通过资源和机会匹配所得的结果，有可能并不是组织或当事人最想要的结果。这就好比有的人一直很想当画家，但事实上他最擅长的是搞政治，而不是搞艺术。RTMP 战略法只能告诉你最快速的路径、最该做的事情，那也许不是你的梦想，但那离成功最近。如果有人说他淡泊名利，只想追寻梦想，那是他的自由，但不在我们管理学的讨论范畴内，因为管理是要追求效率的。我们前面说过，管理是通过团队有效率地实现目标。

业务定位就是组织使命

我们之前讲过，业务定位与组织使命有很多相同之处，都是对业务及其范围的明确界定。事实上，我们也将两者等同起来。我们认为，定位通过使命来进行表达，而使命是定位的一种载体。正如德鲁克所说，问"我们的业务是什么"就等于问"我们的使命是什么"。公司有了明确的业务定位之后，就应该通过使命陈述的方式表达出来。

戴维提到了使命陈述的 9 个特征，虽然用这些来描述业务定位可能过于复杂，但我们还是将其摘录出来，供大家参考。①使命陈述不要涵盖货币金额、数量、百分比、比率等具体目标；②少于 250 字；③具有激励作用；④识别企业产品的用途；⑤表明企业的社会责任心；⑥表明企业是对环境负责的；⑦包括九个要素：顾客、产品或服务、市场、技术、关注生存发展与盈利能力、经营哲学、自我认知、对企业公众形象的关心、对员工的关心；⑧是可调节的；⑨是可持续的。

关于愿景，相对而言比较虚幻和没有必要。Campbell 和 Yeung 试图区别愿景和使命，认为使命"更多地与行为和当前有关"，而愿景是"组织的一种可能的理想的未来状态"。如果一定要进行定义，我认为愿景是"组织对于世界而言存在的价值或所起的作用"。也许，这个描述可以在业务取舍时作为判断的依据，或者可以作为组织的口号来进行传播，但我认为它对于战略管理而言并非是必需的。

第二节　如何构建组织的目标体系

有了业务定位及相应的使命陈述之后，我们就要着手构建组织的目标体系。目标体系的制订应该由远及近、层层推进。

如何设定组织的远期目标

我们首先介绍远期目标的设定。远期目标与组织使命有很多相似之处，而其差异之处在于：①组织使命侧重描述业务的范围，远期目标侧重描述具体的结果；②组织使命需要略微抽象，而远期目标和所有目标一样需要遵循 SMART 原则。

远期目标的时间期限一般为 30～50 年。时间再长就比较虚幻了，50 年做不出来的东西，500 年也未必做得出来，因为人和环境都完全变了；但如果时间再短，也干不出像样的成绩来，因为远期目标虽然具体，往往也是比较宏大的，时间太短就不可能实现。

时间跨度还与时代背景有关。以前的社会变化较慢，跨度可以长一些；现代社会变化快，跨度就要短一些。这里也涉及一个"加速回归定律"。库兹韦尔认为，"技术的不断加速是加速回归定律的内涵和必然结果，这个定律描述了进化节奏的加快，以及进化过程中产物的指数增长"。因此，我认为，在我们现在这个时代，把远期目标的跨度设定为 30 年左右的时间是比较合适的。

具体而言，制订远期目标需要考虑三个因素：一是组织的使命，远期目标的本质是将组织在当前阶段的使命进行具体化。二是平衡计分卡或 KPI，这是我们在设定所有目标时都可以参考的维度。前面说过，平衡计分卡包括财务、客户、内部运营、学习与成长这四个方面的维度，我们在设定远期目标时也可以参照，或者在此基础上进行扩展。当然，我们也可以使用 KPI 或其他绩效工具。三是 SMART 原则，每个指标都应该是相关的、具体的、有时限的、可实现的、可测量的。这样，我们就可以制订出 30 年左右需要实现的远期目标，也可以说是组织阶段性的使命。

需要注意的是，我们前面介绍过，平衡计分卡的发展可以分为三个阶段。但对部分组织而言，第二阶段加入的战略地图和第三阶段加入的战略中心确实对应用的组织提出了过高的要求。所以，在 RTMP 战略法中，企业在目标（T）环节如果使用的是平衡计分卡，我们建议使用第一阶段的平衡计分卡，也就是平衡计分卡本身。我们对第二阶段的战略地图不做硬性要求，虽然我们更希望平衡计分卡的维度和指标数量来自组织自身的战略地图，而非完全照搬原有的四个维度或二十几个指标项。另外，我们也相信 RTMP 中的模式（M）和计划（P）环节足以超越第三阶段的战略中心而具有更强的实操性。我们希望这样的做法，既可以借鉴到平衡计分卡在维度上的广泛性，又避免采用过于复杂的高阶工具而影响 RTMP 在使用群体上的普遍性。

有了远期目标之后，组织有时还将远期的、跨度为 30 年的目标进一步分解成约 10 个跨度为 3 年的里程碑。这些里程碑不仅可用于检验远期目标是否切合实际，也将成为制订中期目标的重要依据。

如何设定组织的中期目标

相比远期目标，中期目标更为重要。因为它承上启下——向上需要承接远期目标的实现与落地，向下又是制订近期目标的重要依据。

中期目标的时间跨度一般为 3 ~ 5 年。同样，在如今快速变化的环境中，我更倾向于 3 年。也就是说，所有商业模式的闭环，包括一定的财务表现，都要在这三年的时间里实现。如果周期过长，要么是商业模式本身出了问题，要么是组织的资源和节奏出了问题。即便两者没有问题，外部环境包括竞争态势也会发生很大的变化。

在设定中期目标时，除了应以远期目标分解后的里程碑为导向，组织也同样应该采用平衡计分卡等绩效工具和

SMART 原则。

在设定具体的参数时，组织应注意两个问题。一是要注意一些关键的假设是否合理。比如，一个电商公司的日均 UV（独立访客数）、转化率、客单价、毛利率等都是关键假设，应该查阅行业基准，如果与基准偏离较多，那么必须有相应的策略或原因予以支撑。有的虽然也是假设，但一般选用行业均值，比如人员薪酬、按访客计算的推广费用等。总而言之，所有的数据应该有凭有据，而不是空穴来风的。

二是周期之间的增幅不能过于夸张，一般确定一个的百分比，比如每年递增 20% ~ 30%。但这个百分比也需要有相应的策略支撑。大家要明白，市场的默认状态并非维持原样，而是零。也就是说，即便你只是想维持现状，也需要投入相应的资源，而要实现年与年之间一定的增幅，更需要有相应的策略与投入。

如何设定组织的近期目标

近期目标的时间跨度为一年，所以也可以称为年度目标。由于三年跨度的中期目标就已经比较精准了，故在此基础上的年度目标理应更加精准，而不是可轻易动摇的。这也是组织在战略执行过程中需要克服种种变化和困难而必须完成的任务。

在组织年度目标的制订过程中，一样可以参考平衡计分卡并遵循 SMART 原则。之所以在组织层面采用更为全面的平衡计分卡，是因为我们认为组织与承担具体职责的部门不同，组织需要一定的广度以保证自身的发展更为均衡和持久，而部门则需要聚焦于目标的实现。所以，在计划（P）环节的部门分解中，大家也可以使用更聚焦于目标实现、指标数量也更为精准的 KPI 法，而不是组织层面采用的平衡计分卡法。但组织完全可以根据自己的情况去选择合适的工具，RTMP 更多是一种理念和方法，我们并不会在其中强制使用某一种工具。

人人都是战略官

Chapter Six

第六章

RTMP 战略法第三步：进行模式梳理

组织在识别了自身的资源、明确了自身的目标之后，紧接着就要进行自身模式的梳理。这也是 RTMP 战略法中最为重要的一个步骤。它是实现组织目标特别是年度目标的关键所在，也是最考验战略管理水平的环节。所以，我们会用更多的篇幅和案例来帮助大家更好地理解这一章的内容。

前面已经讲过，我们把任何实体分为两种：一种是包含单一产品或单一客群的实体，我们称之为"业务"；另一种是包括多个产品或多个客群的多业务实体，我们称之为"集团"。这两种实体的核心模式是不同的，业务层模式侧重于自身的商业模式，而集团层模式则侧重于各业务之间的组合关系。

第一节 业务层模式的核心——4P 商业模式

商业模式一词最早出现于 1957 年，Bellman 和 Clark 在论文中最早使用了这一词语。有人认为，商业模式是指"组织创造、传递、获得价值的基本原理"。也有人认为，商业模式是"包含一系列要素及其关系的工具，用以阐明某个特定实体的商业逻辑"。

不论是"价值的基本原理"还是"实体的商业逻辑"，都在一定程度上说明了商业模式的重要性。如果商业模式不够完整或清晰，业务就没法形成完整的价值闭环，也注定没法实现财务或其他方面的既定目标。

商业模式的划分方法也是五花八门的，我一直采用的是自己独创的 4P 法。它结构简单、逻辑清晰，在多年的战略管理实践中也都取得了不错的效果。4P 的具体流程（见图 6-1）：从用户最关注的痛点出发，到设计出能解决用户痛点的产品或服务，到确定如何对产品进行推广，再到如何盈利以实现价值回收。这是一个清晰且完整的链条，也是一个自然而科学的闭环。

图6-1　4P商业模式的具体流程

业务层模式的第一个P：用户痛点

第一个 P 是痛点（Painpoint）。谁的痛点？用户的痛点。所以在这个 P 中，我们关注两个问题：用户是谁？痛点在哪？

传统经济有时不太区分"用户"与"客户"这两个概念。但随着互联网等新经济的发展，"羊毛出在猪身上"的模式层出不穷，因此对用户和客户也有着完全不同的定义。所谓用户，是指使用你产品的人。所谓客户，是指付钱给你的人。在传统经济中，用户与客户常常是合一的。比如，我去餐馆吃饭，我因吃饭而成为餐馆的用户，又因吃完饭付钱而成为餐馆的客户。再比如，我去电影院看电影，我因看电影而成为电影院的用户，又因买票而成为电影院的客户。

但互联网的商业模式并不完全是这样的，使用产品的用户很多时候并不需要付钱。当一个产品有足够多的用户的时候，自然会有其他人来付钱，成为服务提供者的客户。比如以前的门户网站、现在的短视频平台，用户去看都不要钱，至少基础的服务都不要钱。那谁来付钱？广告商来付钱。当然，现在的付费订阅也有不少是直接用户和客户合二为一的。但在互联网充分竞争的大环境中，要做到内容收费并不容易，企业想收费，自然会有提供免费服务的人冒出来。再比如杀毒软件，原先都是付费的，后来就出现免费的杀毒软件，用户并不需要付钱，那软件商靠什么赚钱，可以做搜索、做游戏之类的增值服务。具体的情况，大家可以看下面的参考案例，相信之后，你对用户和客户的概念会理解得更透彻。

参考案例

杀毒软件为什么能免费

2008 年，对中国传统杀毒软件厂商来说，360 杀毒软件（以下简称"360"）就是那只"黑天鹅"。在"360"出现之前，杀毒软件在中国已经存在了十多年了。这些厂商的收入模式就是卖套装软件，刚开始是卖光盘，一张一两百元。后来，互联网起来了，他们开始卖激活码，就是你下载软件，输入激活码，然后才能用软件。这种收入模式长期以来被认为是天经地义的，为了配合这种收入模式，他们的营销模式也基本是这样一个套路：每年的第四季度，他们会砸下一大笔钱，包下一个五星级酒店的宴会厅，把全国的代理商聚集起来，并且请来全国大大小小知名的媒体，宣布隆重推出的全功能版的杀毒软件。如果今年是 2007 年，那么他们会在 2007 年第四季度宣布隆重推出 2008 全功能版杀毒软件；如果今年是 2008 年，那么就推出 2009 全功能版杀毒软件。

一般在这种大会上，公司高层会用制作精良的 PPT 展示全功能杀毒软件的十大功能，总结出八大亮点，反正都是你记也记不住，记住了也不懂的东西。随后，报刊上开始出现大量的软文，灯箱广告开始出现在大道两侧。在铺天盖地的广告轰炸下，人们就觉得这款新产品肯定牛，于是稀里糊涂地花钱买了。为了拉动销售，他们一般还会发布杀毒软件的免费体验版。一般厂商会让你免费用半年。等半年免费期一到，电脑上会给你弹出一个小窗口，告知：免费期到了，该交钱换正式版了。你如果不交钱，这款杀毒软件就不再更新病毒库。

长期以来，杀毒软件厂商一直以卖软件为核心业务模式。他们设立了价格门槛，只服务于一小部分用户群。所有杀毒软件厂商的年收入加起来，不超过 10 亿元人民币。原来杀毒软件市场行情最好的时候，平均单价大概是 100 元一套。这 10 亿元只保护了 1000 万个用户。那么，中国互联网有多少用户？中国互联网有将近 3 亿用户，1000 万用户连 10% 都不到。在这样的业务模式下，杀毒软件厂商只为付费的用户服务。这种业务模式造成了互联网的安全灾难，没有安装安全软件，或者安装了盗版安全软件的电脑都成了病毒木马的乐园。试想，在2006—2009 年，网民到网上下载软件，得有火眼金睛，得有极高的辨别能力，否则下载的可能不是你想要的软件。

"360"的出现，就像一潭死水里面游进来一条鲶鱼，把市场竞争激活了。而且，"360"激发的市场竞争不是价格战，不是比卖点，而是一次颠覆性革命，颠覆了传统的旧规则，建立起一套新的游戏规则。

有人说，新的游戏规则不就是免费吗？是，但不全是。"360"建立的新的游戏规则还有至关重要的一条：把安全做到极致，把体验做到极致。这可不是传统的吆喝卖货的套路，而是一套全新的互联网的玩法。如果回头来看，现在互联网里任何新生的事物，不管是小米手机还是微信，都有"360"革命的影子，用的也是"360"的方法。

有人说，"360"是通过免费做起来的。不对，"360"是通过一步一步踏实地解决网民安全问题做起来的。360 安全卫士解决了泛滥的流氓软件问题，得到了最初的 5000 万用户，接着又专注于解决各种未知木马的问题，得到了随后的 1 亿用户。但是，我们发现网民还是非常需要杀毒软件的。"360"最早是跟杀毒软件厂商合作的，但是他们就只肯给半年免费版。通过半年期限的免费，他们希望销售自己的杀毒软件。但我朦胧地感觉到安全软件免费是未来的趋势，所以，我们就从国外买了先进的反病毒技术，然后用了一年的时间来消化，进行了大量的本地化，再加上我们自己的技术，推出360免费杀毒软件，得到了随后的2亿用户。

2008年以后，游戏特别热，游戏账号和装备失窃的现象时有发生。于是我们又推出360保险箱，专门保护网游账号；我们也推出360软件管家，这样网民可以下载到干净的软件，而不是下载站上乱七八糟的广告插件。我们发现网民上网的时候，大部分人中招实际上是在浏览器上发生的，因为不少浏览器都有安全漏洞，我们就推出360安全浏览器。我们持之以恒地做安全这件事情。你会发现，因为"360"持之以恒地解决安全问题，获得了用户信任，形成了用户基数，在不知不觉之间建立了商业模式。

"360"推出免费杀毒，既让传统杀毒软件厂商愤怒，又让他们不解，同时心里又有一种看不起。他们愤怒的是，免费杀毒跟他们原先的竞争方式根本就不一样：以前他们打的是价格战；或者是营销战，你有八大功能，我有十大亮点。但"360"这一次直接以零价格闯入市场，用户一分钱都不用花。我们发布360免费杀毒软件的当天晚上，一个传统杀毒软件公司的老板半夜打电话给我，说："鸿祎啊，你这是干啥呢，是要跟整个行业为敌吗？你这不是要砸我们的饭碗吗？你这是连锅都要端走了。"

　　其实，如果不是"360"砸他们的饭碗、端他们的锅，也会有其他互联网公司砸他们的饭碗、端他们的锅。实际上，我只是通过免费杀毒把这个道理点出来了。在推免费杀毒的几年前我就说了安全要免费，但就像小孩儿说狼来了一样，大家都不相信。他们都嘲笑说："看这孩子，怎么说话这么不靠谱啊？"不是我不靠谱，而是我更早地比别人看到了这个趋势。在推免费杀毒之前，我也跟几家杀毒软件厂商谈过，跟他们讲安全免费的道理，就跟我两年前跟手机厂、运营商讲小米手机、讲微信的道理一样。但大家都不理我，觉得我是疯子。我说，杀毒软件厂商需要转型，向免费安全转型。结果，他们嗤之以鼻，说："就你一个'360'，还是一个安全辅助软件，有几个安全专家？有几个懂安全的？还来教育我们。"于是，我就被他们轰出去了。

　　结果，我们做免费杀毒软件，把同行都得罪了。虽然我一直认为免费杀毒这一天迟早会来，但是他们当时看不到这一点，觉得我动了他们的奶酪，降低了他们的收入。我们推出免费杀毒软件的时候，国内最大牌的那家杀毒软件厂商当天连发了三篇文章，说免费杀毒就是一个骗局，因为免费没好货，免费之后没有收入支持，质量没法保障。这算是好的，有些匿名文章说的更难听。我对这些口水讨伐文章也没有更多好的办法，但是我坚信一点，每个公司走的路都不一样，有的行业竞

097

争缓和一点，有的行业竞争会激烈一点，但是最终谁能够赢得用户，谁就能够赢得最后的成功。所以，最重要的是怎么把对用户的承诺做好，怎么给用户提供好的产品和服务。结果是，360免费杀毒软件推出三个月之后，就成功占据市场份额第一的位置，半年之后用户量超过1亿。在互联网面前，传统杀毒软件厂商都成了不幸的火鸡。

为什么互联网可以真免费，而现实生活中不可能真免费呢？2009年，美国著名的互联网杂志《连线》总编克里斯·安德森在《免费》一书中详细讲述了互联网的免费。安德森指出，互联网把微处理器、网络带宽和存储融合在一起，在技术革命推动下，这三者的成本都在以惊人的速度降低，互联网不仅整合三者，而且以极低的成本接触了数以亿计的海量用户。当一种互联网软件以趋近于零的生产成本和同样趋近于零的流通成本抵达海量用户的时候，它的价格自然也可以趋近于零。因此，他认为，免费是数字化时代的一个独有特征。软件的价格会不可避免地趋零化，这种趋势正在催生一个巨量的新经济，在这种新经济中基本的定价就是零。在这里，我试图用通俗的语言来解释互联网的免费现象。在现实生活中，任何东西都有一个固定成本，我今天给大家每人送了一本书，但我不能永远给大家免费送书，因为送得越多，亏得越多。即使书一分钱都不值，那我多送一本书，也会产生一单物流的成本。所以，在现实生活中，送得越多亏得越多，这导致商家在某一个时间段把免费当作营销手段，但是不可能永远免费下去，否则任何商家都会破产。在互联网上，互联网服务和产品都是数字化的，比如聊天、电子邮箱、搜索，都是一种虚拟服务，用的人不管有多少，它总的研发成本基本是固定的，而用的人越多，每个人分摊的成本就会越低。比如，研发一款软件的成本是 1000 万元，当有 100 万用户使用的时候，每个用户分摊的成本是 10 元；当有 1000 万用户使用的时候，每个用户分摊的成本是 1 元；当有 1 亿用户使用的时候，每个用户分摊的成本是 0.1 元。这跟现实生活中的物理产品截然不同。

很多人问我一个问题：免费之后怎么办？首先，安全软件不适合广告模式。"360"普及了免费安全，获得了好几亿的用户，很多人认为"360"会做弹窗广告以获取收入。但我们有一个铁的规定，"360"不能弹广告。不过，起初我们在"360"软件的主界面里放了几条文字链，为"360"每年带来了 8000 万元的收入。2010 年，我们决定彻底取消"360"软件上的文字链广告，因为我觉得，"360"作为一款安全软件，是要给用户解决问题的。"360"是一个保镖、一个卫士，如果没事就给你递送小传单，这个保镖你也用不了太久。虽然这样一年可能损失几千万元，但是从长期来看，我们认为广告模式不适合安全软件，舍弃广告是对的。

剩下的就是，一定要延长自己的价值链，做增值服务。打比方说，你卖手机都不赚钱了，那你一定要在手机里留下赚钱的东西。比如，如果你想通过手机里的游戏赚钱，那你要把自己定位成游戏运营商，而不再是一个手机销售商。再以"360"为例，如果"360"只做杀毒软件，那把免费杀毒做得再好，商业模式都是不完整的，所以"360"就在浏览器基础上做搜索、做游戏。进入到搜索领域和游戏领域，"360"就必须要懂搜索、懂游戏运营。（改编自《周鸿祎自述：我的互联网方法论》。）

所以我一直说，用户思维，包括相应的盈利模式，应该是互联网思维的核心。在我们的4P商业模式中，组织要牢牢盯住用户。因为先有用户，再有客户。把用户的痛点都解决了，其他的问题也会迎刃而解。

在一些情况下，用户与客户的利益还可能发生冲突，这时，就需要组织自身拥有强大的平衡能力与调节能力。比如，我当年在阿里巴巴工作时曾负责整个淘系平台（包括淘宝、天猫等）的规则与管治工作。在我之前，阿里巴巴并没有一个专门的部门来负责这块工作。淘宝希望保护它的用户，让每一位淘系平台的消费者拥有良好的购物体验，因而对卖家一些不诚信的经营行为制定了严苛的处罚规则。但淘宝当时经过六年的发展，这些规则不仅数量庞杂、星罗棋布，而且杂乱无章、彼此矛盾，让不少卖家感觉无所适从、缺乏安全感。而卖家不仅是我们的客户（淘宝、天猫并不向买家收取任何费用，而各类卖家支付的广告费、交易佣金、增值服务费等却是当时盈利模式的主要来源），作为平台电商的经营者，还是我们的用户之一（对平台电商而言，没有卖家何来买家）。所以在2009—2010 年，我带团队对整个淘系平台的规则体系做了推倒重来，制定了统一的、清晰的"淘宝规则"和内部的"实施细则"，其中包括单次扣分、节点处罚的人性化处罚规则。在此过程中，我们并未向任何损害消费者权益的行为妥协，主张通过产品设计、卖家培训、科学处罚等各种途径来综合地管理平台、应对违规行为。我们希望在保护每一位用户、每一位消费者的同时，也能保护到每一位客户、每一位商家正当的、稳定的经营权利。我很高兴地看到，时隔这么多年直至今天，不仅淘天集团依旧沿用了这套规则体系，而且这套规则体系及其理念也被绝大多数电商企业甚至很多互联网企业采纳。其中的一个原因，就是我们对用户、客户双方以及其他利益相关者的权益的高度重视。

解决了"用户是谁"这个问题，接下来我们要关注"痛点在哪"。很多人常常把"痛点"和"需求"混淆在一起，其实两者是不同的。需求指的是你有需要，但也能找到满足或替代的途径；而痛点，指的是你不仅有需要，而且还没有任何一种方案能很好地满足你，也就是无法满足的才是痛点。比如，你说你饿了，想吃饭，这是需求，出门很多饭店、不出门也有外卖，所以这不是痛点。什么是痛点？人在里斯本，吃不惯西餐，想吃中国菜，自己又不会做，方圆几公里又没有中餐馆，这才是痛点。

这里也引申出第三个点，痛点得是一定规模用户之上而不是几个人的痛点。比如，中餐馆可能确实是我的痛点，但方圆几公里不到 20 个中国人，跟我一样想法的可能只有 10 个，你为这 10 个人开个中餐馆就可能亏本。但你说里斯本有三万名华人，三分之一都有这需求，我在交通方便的地方开一个中餐馆，然后做好营销，那又是另一回事。关于寻找痛点的重要性，我们可以来看下面的参考案例。

参考案例

诺基亚之败

什么是痛点？痛点就是用户最痛的需求点，也是一个产品满足用户诸多需求中最痛的那一根针。找痛点是一切产品的基础，找痛点是一切创新的基础，找痛点也是一切失败的源头。不信，我们先看看诺基亚之败。有一次，我讲起诺基亚之败。台下的一位学员在诺基亚待过三年，现在已经离开诺基亚，冲上讲台问大家什么是诺基亚失败的根源？有人说不够酷，有人说不够快。诺基亚前高管说："都不是，诺基亚失败的一个重要原因，就是手机老摔不坏。因为，在以诺基亚为代表的传统手机公司，研发部门有一条规则：手机要摔不坏。"在功能机时代，手机的一个痛点就是摔不坏，所以诺基亚都能砸核桃。但是在智能手机时代，用户的痛点发生了很大的改变。

我曾经去诺基亚总部考察过。我跟诺基亚的首席设计师聊过，他每年要花 3 个月去全球旅行，就是去寻找打动用户的灵感。因为诺基亚一直以了解用户为荣，诺基亚标榜"科技以人为本"。但 2008 年，一个用户给诺基亚写了一封信，曾经引发诺基亚内部很强的震动。这个用户没有写大道理，他只是描述了一个用户体验的细节。他用的那款手机——诺基亚 E51——的最大缺陷：不易用。比如要更换铃声，他要从首页向下探到 5 个层级后才能找到；而每天打开无数次的编辑短信功能，他都要从 4 个选项里面选：编辑短信、多媒体短信、语音短信、邮件。这个用户列举了不少此类的痛苦感受，这些复杂的设计让人抓狂。而与之相反的是，他有一部 iPod touch 很容易上手，逻辑清晰，他已经长达 6 个月每天使用。最后诺基亚高层还邀请这个用户到诺基亚总部开了一个很私密的会。

诺基亚高管还讲了一个故事。第一代 iPhone 刚上市，他们的情报员就购买了一批 iPhone 带回总部。这位高层当晚就带了一台回家研究，这台机器也吸引到了他 4 岁的女儿。为了测试手机的易用性，他把手机递给女儿，女儿很快就上手了。临睡前，他女儿昏沉沉地出现在他床前说："我能把这部神奇的手机放在枕头下吗?"在那一刻，他明白，诺基亚遇到了大麻烦:他们抓不住用户的痛点了。

在中国，也有一个手机网友经常向诺基亚吐槽，而且是吐槽给诺基亚的一位全球副总裁。诺基亚副总裁的回复是:"你说得很对，但我们就是没法改。"这位网友就是雷军。也许是受到诺基亚的刺激，雷军有一次告诉我创立小米的初衷:他一定要做一款能够让用户参与的手机。雷军做手机的第一个工作就是先找到100位铁杆粉丝深度参与。

很多企业在挖掘用户需求上，其实已经形成了强大的打法，比如问卷访谈法、深度访谈、二八法则、焦点小组等，但为什么还是没有找到用户的强痛点呢?这是因为，在传统行业里，对产品力的要求不那么极致，产品做到60分，渠道做到90分，就能秒杀市场。对用户的挖掘程度不够深，只要找到关键需求就好，那么反映到产品上，就是粗糙、粗糙、粗糙。但是，在互联网行业里，企业必须对用户的需求做深度的强挖掘，产品力做到100分都不够，要做到120分才能秒杀市场。只有抓住使用户最痛的那一根针，产品的引爆才有可能。(改编自《爆品战略:案例篇》。)

关于诺基亚的案例，我想强调，诺基亚"摔不坏"的本质并不是因为摔不坏而影响了新产品的销量，而是对"摔不坏"代表的用户痛点发生了系统性的迟钝，这才是真正可怕的一点。所以，4P 商业模式的第一步就是要找准用户在某一领域的所有痛点，想办法把它给满足了。但现在很多产品之所以不温不火，是因为它解决的还是需求，而不是痛点，这就意味着组织要用很多的资源去做竞争、去做差异化。事还没做，战略上就先输了一招。

业务层模式的第二个 P：产品服务

第二个 P 是产品（Product），也就是你准备用什么样的产品去解决用户的痛点。关于这个，在战略上我想强调两点。

第一点，产品切忌大而全，应该小而美，做快速迭代。大而全什么意思？就是恨不得一口气做个微信，把从早到晚、吃喝拉撒的事全解决了。那不现实。微信是个现象级产品，而且它一开始也不是现在这样的。什么叫小而美？一个产品能把一个痛点给彻底解决，那已经很不错了，赶紧做完、赶紧上线，看看用户的反应。如果还有痛点，再往上加二期、三期。这是最优的，别老想着一口气吃成胖子。

第二点，产品要考虑差异化。传统文献的业务层战略都像是一个老师教的，全是什么低成本战略、差异化战略、聚焦战略。我的观点前面讲过，所有的竞争策略本质上都是差异化，只不过可以分成产品的差异化，或是服务的差异化，或是价格的差异化等。我们做产品的时候，就要把基于差异化的竞争策略考虑进去、融合进去。

战略之外，产品上要注意的点也非常多。产品设计（PD）也好、产品经理（PM）也好，都算是另外一个比较专业的领域。因为它对整个商业模式而言至关重要，是整个商业模式的载体。对互联网行业的用户来说，产品就更为重要，因为产品基本上是唯一的用户界面了。我们上面谈到微信，我觉得微信的成功很大程度上就归功于产品的成功。要说战略、要说时机，微信都不是空前绝后的。在移动 IM（即时通信工具）领域，国外的 Kik、国内的米聊做得都比微信早；而在微信后面，也有体量很大的对手杀进来，比如中国移动的"飞信"、阿里巴巴的"来往"等。但为什么只有微信能够平步青云、独领风骚？那就是因为腾讯以及微信操盘者张小龙在产品上深厚的积淀与功力。

我觉得微信在产品上最成功的是三个方面。微信第一个成功点，是对人性的拿捏。微信从不违背人性，而且对于用户心态和需求的理解把握得非常到位。要做什么、不做什么，想得很明白。比如，红包的限额就很考验对人性的理解，如果没这200元的限额，用户可能就有压力或顾虑，进而影响它的普及。所以，我一直不觉得太年轻的产品经理能做出特别出众的产品，哪怕他很聪明、很上进，但人生的阅历、人生的喜怒哀乐只能靠时间去慢慢沉淀，很难通过学习、训练快速地完成。

微信第二个成功点是自身的克制。很多产品都火过，但其中不少只是昙花一现，慢慢就被用户抛弃了，为什么？一方面，可能是因为它们不能及时响应环境的变化、用户体验或使用习惯的变化；另一方面，也可能是它们被自己不断膨胀的欲望打败了，不停地往产品上加东西，今天加这个、明天加那个，最后把产品变成了一个奇奇怪怪的东西。事实上，用户数量越大的产品，反而越需要产品的简洁。这就很考验产品经理在海量的用户需求中，对"最大公约数"的筛选能力和对"需求背后的需求"的把握能力。微信底部永远四按钮，一些功能要进到里面一层层地找，虽然有点麻烦，但保持简洁、不打扰用户非常适合它这种高频使用的工具。再说谷歌，一直以来，就是一个搜索框，很清晰。类似的例子还有很多。要知道，任何一个被提出的需求背后，多多少少都有它的用户，但这个需求是否需要去满足和怎样去满足，不仅要看背后人数的多少，还要看这些功能与商业模式、产品定位是否匹配，以及解决方案上是否有一定的归纳和抽象。

第三个成功点是整体的节奏。我之前经常跟创业人士聊天，告诉他们不要总抱怨资源少，要知道 2010 年底微信刚启动的时候也只有 10 个人，还是三个终端同时推进（IOS、安卓、塞班），虽然在公司层面，腾讯肯定会有一些基本的支持、团队人数也在不断增加，但从 2010 年 11 月 19 日正式立项到 2011 年 1 月 21 日微信 1.0 上线（IOS 平台），只用了短短的 63 天。所以，微信的节奏很不错，初期就是求快，那时候速度比质量重要，要把最基础的功能赶紧做出来，赶紧推出去看反应、抢市场，而不是把想到的功能全规划好了再全部做上去。这就是我前面说的快速迭代，小步快跑。可能你已经想到了 12345，但先把 1 做了且同时规划 2，等你把 1 做完了，可能发现 2 已经不用做了或者 4 比 3 更重要。微信到了中期就要在节奏上看得远，把一些关键点卡住了，它这时候推出的公众号、小程序都可以说是神来之笔，一下子从一个 IM 工具上升为移动互联网的生态系统。到了后期，节奏上就是稳，不要过于打扰用户，避免用力过猛，因为好的工具也应该是"随叫随到、不叫不到"的。所以，微信对整体节奏掌握得非常好，我并不觉得这是运气，我更认为这是一种厚积薄发——多年来对人性的尊重、对产品的尊重。

微信作为一个现象级的产品，值得学习的地方还有很多。下面这篇资料改编自《微信背后的产品观》一书，这本书其实源自张小龙本人 2012 年在腾讯内部一次八个多小时的演讲。书的全文比较长，内容也比较广，我只是选出一部分与我上述观点相近的内容，作为张小龙本人亲自分享的一手内容，供大家参考。

参考案例

张小龙的产品观

关于人性

关于用户，大家有很多自己的认识，那用户到底是什么？我们回答最本质的问题：用户是人。那产品经理是什么？产品经理是创造一个虚拟世界的人，是一个创造者。所以，我们一直提倡做产品要去了解用户，了解用户的想法，了解用户作为一个人，人性里的需求是什么。另外，要了解群体的心理，这是做互联网产品最需要知道的一件事情。下面，我将列几个"人"的重要特性。

人是懒惰的。相信这个道理大家都明白。人都很懒，懒惰也催生了很多发明。

人是没有耐心的。比如，用户没有耐心看产品说明书。所以，如果不能让用户一分钟就爱上你的产品，那么，用户以后可能就不会再用你的产品了。我们也不要尝试去引导用户、去教育用户，没有人愿意接受你的引导和教育，一定是他一拿过来就喜欢上才是最直接的。如果我们的产品没有做好，就拉一些用户来用，以为腾讯的用户基数大，总能把一些用户拉过来，那用户可能没有耐心再来第二次了，其实这是更大的损失。

人是不爱学习的。我们在座的每个人可能都不爱学习，否则就不会整天看微博，而是写博客去了。我们经常讲一个"马桶阅读"理论：如果我们给用户的内容是在马桶上的时间看不完的话，就是太多了，这是用户很自然的习性。

群体是"乌合之众"。这个理论来自一本书——《乌合之众》。我们聚集在一起去做一件事情，那我们就是乌合之众。群体智商必然是不如个体智商的，因为大家都喜欢趋同，向别人看齐。我们不能通过这些方法来推导出新的个体，我们也没法通过单个用户的调研去推导出 1000 个用户形成一个整体后产生的行为。也就是说，我们面对的用户，是我们无法搞清楚的整体。

重视"草根"用户群。我们有这样的思考：大部分的人还停留在生存压力下，每个人又渴望有自我价值和存在感的体现。所以这是一个比较矛盾的心理，也是一种很普遍的心态。特别是在我们现在的用户群中，80% 的用户都可以用"草根"来形容。这代表了大部分用户的状态。我们常会犯的错误是，以为你的用户就是你周围那几个朋友和同事。其实，我们的用户或许离我们很远，会在我们看不到的角落里面。

需求是满足人们的贪嗔痴。我们需要了解人性的多面性，而不一定只是弘扬人性伟大、美好的一面。这和道德感没有关系，而是两个层面的事情，所以也不要在产品设计中掺和个人的道德观进去。

我们常常会先给产品的用户定位，确定产品是面向哪个用户群体的，比如高端用户、中端用户、低端用户。这样做是很不道德的。因为人的高、中、低端并没有一个标准。比如，我看到某人的微博写道："夜里醒来，喝口水，打开手机看时间，4:42。有两条微信，看了一下。顺便玩几下摇一摇，告诫自己只许摇 10 次，然后必须继续睡眠。结果共摇出来 8 个同时摇手机的，竟全是女孩，距离最远的在俄罗斯圣彼得堡，说正缩着脖子打出租车呢。"这里我们看到，写微博的这个人很低端吗？也不是，他玩"摇一摇"也很合理。我们做这个功能的出发点只要非常纯洁，大部分用户包括高端用户也会喜欢，除非做的时候就想歪了。

找到需求背后的本质需求。这是一个比较重要的例子，是我们讨论的时间最长的案例：朋友圈该不该做分组？有很多用户反馈，我不希望我的朋友圈被所有人看到，因此需要分组的功能。但是其实，即使我们提供了分组的功能，这些用户也不会去用的。为什么有了分组还是不会用？人其实不愿意去做太多的管理性工作，如果真的很机械化地把好友都分了组，再去发布内容的话，那是很不人性的。我们问过很多用户，发现他们真正需要的只是屏蔽有限的几个人，一般集中在两类关系：

父母和上级。

关于克制

最近很多人问我一个问题：你们是怎么确定一个需求的？这个问题很不好回答。因为需求本身是属于感觉层面的东西。在这里想分享一些观点，可能对大家的固有观念是一个挑战。

对于新点子，99%的情况下否定是对的。假如有10个产品经理，每个产品经理每天都冒出10个点子，那每天就有100个点子，如果要把这100个点子都想清楚的话，可能就需要100天的时间，那开发团队就累死了。所以，对于新点子，99%的情况下把它否定掉总是对的。推销点子的时候，开头就说"我有一个好主意"，一般这些主意都不怎么样。过两分钟，我也可以说我有一个更好的主意。这告诉我们，不要随便臆想需求，臆想需求会引发风险。

也不要用户说什么就做什么。如果用户说什么就做什么，这样去网住用户的话，我们也会被累死。因为我们要做得实在太多了，根本做不过来。用户的反馈只是帮助你了解到他们的想法，而用户的需求是零散的，解决方案是归纳抽象的过程。所以我们回顾一下，可能一年里面，只需要工作一半的时间，对产品其实也没什么损害。

很多时候，我们都会在同类的产品里面找需求，可能这是一个最省事的办法，但却不是一个好的办法。别的产品决定解决这个需求是有其自己的理解，并且是经过深入分析和思考的。如果别人做了，用户也说好，我们就直接照搬过来，其实没办法深刻地理解需求。

不要听从产品经理的需求。这里说的是我们不要听从产品经理个人的需求。产品经理往往是不能代表用户的，他们甚至比普通人更不了解大众心理，但产品经理总是觉得自己更有发言权，更知道该怎么做，觉得自己更代表用户。所以，需求只来自你对用户的了解。这里非常想强调几点：第一，需求不来自调研；第二，需求不来自分析；第三，需求不来自讨论；第四，需求不来自竞争对手。如果仅是让用户反馈某个细节的功能好用还是不好用，用户可能会告诉你，这对细节功能的改进是有价值的，但是用户绝对不会告诉你"你们帮我做一个'摇一摇'或者做一个看'附近的人'吧"。所以，决定新功能开发的调研是没有意义的。我经常用到的方法是从微博上感受用户的潮流。每天花一个小时看普通用户在微博上谈论他们是如何用你的产品的，这个习惯一直坚持着，而这个习惯形成也是很容易的。

让用户推动用户。比如，在微信刚推广的时候，用户使用头像的比例并不高，很多用户的头像是灰的。针对让用户去设置自己的头像，我们可以想很多办法，比如安装完、初始化的时候要求必须设置头像，或者变成让用户完成的任务，并给予完成任务的奖励。但是一旦这样的办法用得太多了，就变得不那么好了。在我们最早的微信版本里面，用户自己说的话是不带自己的头像的，后面才把自己的头像展现出来，当用户看到自己的头像没有设置的时候，很快就会去设置头像了。可见这样的设计比经由别的环节去引导用户设置头像要自然很多。因为这是用户自发的，而不是被引导的。

关于节奏

也有很多人问我，你们是怎么确定每个版本该做什么东西的？答案可能会让你大吃一惊，微信的每个版本之间没有任何的计划，往往是上一个版本已经发布了，才开始想下个版本该做什么。所以如果你现在问我，微信两个月以后的版本会是什么样子的，没有人能告诉你，因为还没有决定呢。为什么会这样呢？因为互联网产品发展的速度实在是太快了，没有人可以在一年以前规划好一年以后该做什么，甚至一个月都觉得时间太长了。因为一个月以前的想法和当下的想法已经有区别了，所以我们在最后一刻才决定的东西才能符合我们最新思路的变化。但这并不意味最后一刻才开始想有哪些东西是好玩的，是值得去做的。

对于一个产品，我们更应该偏向产品本身还是运营？这是一个老生常谈的问题。这里也没有绝对的衡量标准。而我的观点是做一劳永逸的事情是最好的。所以我们更加倾向直接做到最本质的东西。至于它能满足用户什么需求，那是用户自己的行为。

不管是做邮箱还是做微信，我们都追求用户的自然增长。微信在 2011 年 5 月的时候才开始做推广，比如在邮箱里面放广告。在此之前，微信没有打任何广告，因为我们还没有看到自然增长的曲线，或者说增长得很慢，没有到一个爆发点。当一个产品还没到爆发点的时候去推放广告，它的投入和收益是不成比例的。如果一个新产品，我们准备了 10 万用户作为初始用户，却没有明显的增长的话，后面就不需继续投入了。所以没有做好准备就把用户导入并不是一件好事情，当用户形成了印象后，下次想再拉动用户的成本就会高很多。所以我们认为，好的产品应该是自然增长的，我们不应该为 KPI 改变产品。(改编自《微信背后的产品观》。)

业务层模式的第三个 P：推广策略

第三个 P 是推广（Promotion），就是你产品做好了，怎么让用户去用。酒香不怕巷子深其实也是要营销的，叫口碑传播，否则光靠路过的几位客人也没戏。

推广里面，很重要的一点就是用户画像。你得明白自己的用户是谁。要说谁都是你的客户，说明你完全不明白状况。中国也只有微信敢这么说吧。大部分产品只面向一部分群体，比如足球新闻 App，主流用户可能就是城市中年男性，因为现在的很多年轻人不太踢球也不太看球，老年人也少，只剩中年人。有的产品受众广一些，但也要分出阶段性的重点人群。

这里值得一提的有两个理论。一个叫"创新扩散理论"，是 Rogers 在 1995 年提出的，他把人接受创新事物的过程分为五个阶段：①了解阶段，人刚刚接触创新事物，但对此知之甚少；②兴趣阶段，他们对创新事物产生兴趣，并寻求更多的信息；③评估阶段，根据自身的需求，考虑是否采纳；④试验阶段，观察是否适合自己的情况并且进行尝试；⑤采纳阶段，大范围地决定实施。

他还进一步将不同阶段的采纳者分为 5 种类型：①领头人，他们是社会系统中最早采纳创新事物的人，愿意率先使用新技术、新产品等新事物并甘愿为之承担风险的那部分人。这些人一般见多识广、承担风险能力强、善于创新和冒险。他们不仅自己能够接受新事物，还经常通过口头传播和劝说让更多的人接受创新事物。创新事物开始的传播常局限于小圈子内，是领头人突破这种限制向不同地方传播。②早期采纳者，他们作为行动楷模，对他人起着角色示范的作用。他们对周围人传达自己对创新事物的观点和评价，影响他人的行为。③早期多数者，这些人在完全采纳一个新事物之前，往往要深思熟虑，他们位于早期采纳者和后来多数者之间，在传播过程中具有承前启后的作用。④后来多数者，这些人慎思多疑，他们感到新事物是安全的才会采用，群体规范的力量对他们的采纳起了很大作用。⑤滞后者，这些人是社会系统中的少数保守者，他们对创新事物持怀疑态度，甚至持反对意见。

另一个与之相似的理论是"技术采纳生命周期"理论，曾被誉为"新摩尔定律"。杰弗里·摩尔在《跨越鸿沟》里提出，新的技术产品被用户接受有一个过程：①创新者，他们是大约 2% 的技术内行，抱着试试看的心理；②早期使用者，约占 13%，属于有远见者，抱着领先潮流的心理；③早期大众，约占 35%，属于实用主义者，抱着随大流的心理；④晚期大众，也占 35% 左右，属于保守主义者，他们不到万不得已不会改变；⑤落后者，约占 15%，属于怀疑论者，他们是坚持到最后的那部分人。更关键的是，在相邻两类用户之间都存在着"鸿沟"，新技术要想被更多的用户接受，就要针对后一类客户的特性，不断地跨越鸿沟。

所以，我们在推广的时候，不仅要找到用户，还要根据产品当时所在的生命周期和创新扩散理论找到当前最该推广、最该跨越的那部分客户。

找到用户之后要做的是分析用户场景，也就是你在哪里能碰到这些人，并向他传递信息。比如，这些人每天早上看哪些媒体、去哪里吃饭、晚上干什么、使用什么交通工具等，这些都是场景。有了用户和场景，我们才能够进行针对性的传递和投放。

这里需要说明的是，场景各有不同，推广传递的策略也有相应的变化，并非所有的推广策略都是要花钱的。一个市场高手与普通员工的区别在于，高手能精准地定义客户、精准地刻画场景，并挑出里面最具性价比的场景和策略来进行推广。

在推广方面，互联网行业有不少经典的案例，其中让我印象比较深的是 2014 年春节的微信红包案例。在春节红包推出之前，虽然微信本身在移动 IM 领域已经独孤求败，但其支付业务一直进展不顺，因为很多人仍将其视为社交工具，而不愿意将其与银行卡进行绑定。但 2014 年春节的这次活动却让微信红包及背后的微信支付一时间红遍大江南北，大量的用户因为这次活动而开通了微信支付并绑定了银行卡，所以这次活动被认为"干了支付宝八年干的活"。正如我前面讲的，推广的效果并非必然跟推广预算成正比，而是跟人的用心程度和策划能力成正比。事实上，微信这次斩获颇丰的红包活动几乎没有花一分钱！详细的情况，可以参考下面的案例。

参考案例

微信红包偷袭支付宝

2013 年 8 月，微信支付首先出现在了微信 5.0 的功能里面。但在 2014 年春节前，微信支付一直处于下风。虽然微信拥有亿级用户，但开通微信支付对用户来说并没什么必要。一是用户习惯尚未完全养成；二是已经有支付宝在前，用户只将微信当作一个社交工具，并没有将其作为支付工具的动力。基于此，微信支付的开局并不顺利。

2014 年 1 月 28 日 16：00，"新年红包"的图标第一次出现在微信"我的银行卡"界面中。在随后的 4 个小时里，它逐渐从中国主要大城市蔓延到二线、三线、四线城市，直至全国，迅速成为 2014 年春节乃至之后数年春节里最成功、最火爆的互联网产品。当时财付通公司基础产品中心的产品总监在接受采访时称，微信红包的创意来自腾讯每年的新年利是红包。按照腾讯的传统，农历新年后上班的第一天，马化腾及公司其他高层都要亲自给员工派发利是红包。员工内部把这个传统叫作"刷总办"。在这一天，深圳腾讯总部工作的员工几乎都会暂时放下手中的工作，排队前往位于腾讯大厦 39 层的马化腾办公室领取红包。几千人的队伍从 39 层一直排到 1 层，并在大厦外的广场上曲折蜿蜒。而在员工之间，也会有下级向上级、未婚同事向已婚同事讨要红包的传统。

财付通公司成立后，每年向全体员工发红包的任务就落在了这个团队的头上。为员工设计电子红包，他们已经做了五六年。2013 年年初，腾讯公司行政部通过微信向员工发了每人200 元的微信红包。虽然这只是财付通的一个简单链接，但这是微信与财付通打通的一个开端。延续现实世界的传统，团队成员想到了可以在虚拟世界中搭建一个向朋友"讨红包"的系统，让红包在微信好友之间传播。在技术上，"讨红包"功能类似于微信支付已有的 AA 收款功能，实现起来难度不大。但这个创意却被财付通副总经理推翻了，他担心被"讨红包"的用户很有可能感到尴尬——面对突然出现的讨要红包者，给还是不给，给多还是给少，都让人难以拿捏，如果不是特别熟的朋友，还有可能带来误会。"讨红包"的项目也就此搁置了。但春节这么好的拉新机会，不利用可惜了。于是，来自财付通和微信广研两支团队的成员又坐下来一起讨论。

与会者不约而同想到的思路就是，利用微信群的优势进行裂变。他们最初的创意是，用户分享 10 元红包到群里，这 10 元可以拆成 100 份，每人领 1 角。在这个群里如果红包没有被领完，就可以转到其他群继续领。这时候，微信支付的一位产品经理想到自己在 QQ 邮箱团队时的过年经历。当时他们会把不同金额的钱包在红包里，放在桌上，团队成员每人拿一个，拆开以后，钱少的人不会嫌弃钱少，只会觉得运气不好，而钱多的人就会觉得自己运气很好，甚至发文炫耀。团队认为，微信红包也可以采取同样的策略。这个建议得到了包括时任 CTO（首席技术官）的张志东在内的高层的认同，于是众人开始在腾讯团队内部进行测试。在测试过程中，微信红包还自然而然地发展出很多玩法。比如，谁抽到的金额最多，就要再发一个红包。这形成了很好的裂变效果。在产品的具体实施上，产品团队从微信群的掷骰子游戏中获得了灵感。微信中有一项随机掷骰子的功能，在微信群中，多个好友一起掷骰子是一种简单又刺激的玩法。团队认为，如果把骰子换成红包，应该也能激起大家参与游戏的兴趣。和同事讨论后，团队定下了这个"抢"随机红包的设计任务。

由于任务紧、时间急，在这次微信红包的开发过程中，测试方式就是同事之间互相发红包。每当产品有改进时，他们便会邀请团队负责人或公司更高级别的领导到研发团队的微信群里"发红包"以测试产品功能，同时把货真价实的人民币收进自己的账户。为了做测试，团队在微信上拉了一个 150 多人的群。这是最先接触微信红包功能的一群人，其中包括财付通员工、微信广研团队员工、一些银行的技术人员，以及腾讯总办的成员。在这个群里，大家的任务就是玩发红包和抢红包的游戏，发现问题并提出改进意见。起初，大家还只是测试性地互相发红包，渐渐地，测试成了真正的狂欢。群成员会以"某某万福金安"的祝福语"炸"出群里的高层人员，"逼"他们出来发红包。当这句话被群成员整齐划一地重复几十遍时，一般被点名的人就会乖乖发红包。几乎每天晚上，这个群都能抢红包抢到凌晨 3:00。在测试过程中，腾讯总裁刘炽平甚至在自己的限额玩完之后私信团队，让他帮自己调高额度。团队看到连这么高端和专业的人都玩得非常开心，更是对产品信心十足。

在正式向公众开放前，微信红包早已在一部分参与测试的用户间传开了。2014年1月24日，团队发现，在本应该只有几百个测试红包的时刻，用户们发出了上万个红包。这让微信红包团队意识到，"抢红包"功能的传播速度远远超出了他们的想象。有统计数据显示，在2014年除夕到正月初八这9天时间里，有800多万名中国人共领取了4000万个红包，遍布全国34个省（自治区、直辖市），每个红包平均包含10元。据此推算，总价值超4亿元人民币的红包在人们的手机中不断被发出和领取。除夕夜参与红包活动的人最多，约有482万人，流量最高峰出现在零点前后，平均每分钟有2.5万个红包被拆开。

微信来做红包，最大的优势在于关系链。首先，由于80后和90后能够发红包，微信支付的用户范围更广了。其次，微信让大量70后、60后甚至50后都加入到发红包的活动中来。春节更是一个绝佳的时间点，一线、二线城市的年轻人回到老家，将微信红包带给了老家的同学、朋友和亲戚；而家里的父母、长辈也加入到了发微信红包中来，这将微信红包覆盖的年龄群向上延伸了。想要参与微信红包大战，首先要做的就是绑定银行卡，开通微信支付。可以说，在春节这个时间点，微信红包带动了微信支付用户的海量增长。

微信红包到底有多成功，也许来自对手的表扬更能直观说明。"几乎一夜之间，各界都认为支付宝体系会被微信红包全面超越。"说这话的不是别人，正是当时的阿里巴巴董事局主席。2014 年 1 月 29 日这天，他在自己的来往账号上做出沉痛的反省，并称赞腾讯此次"偷袭珍珠港"计划执行得完美。（改编自《读懂中国互联网：重塑中国的互联网力量》。）

这就是微信红包活动的大致经过。但巨头之间在商业与推广上的竞争，历来都是互有胜负。这场"偷袭"之后，支付宝也不甘寂寞，两年之后同样在春节这个档期推出了"集五福"活动。这次活动虽因兑现用户奖金及借助春晚平台而花费不菲，但支付宝在自身用户结构的优化，特别是用户关系链的拓展方面，也取得了较大突破。另外，阿里巴巴似乎跟"天猫双 11"购物节一样，又造出一个"支付宝春节集五福"的 IP（知识产权）来。我们不妨来看一下相关的情况。

参考案例

支付宝集五福，一个全民 IP 的养成

2015 年 10 月 28 日，支付宝与微信团队共同参加中国中央电视台春节联欢晚会独家互动平台冠名的竞标，支付宝以十

分微弱的优势获胜。最初，支付宝决定采用"赞赏"方案进行互动，但在该方案遭到否决之后，项目组在酒店花费四五天时间设计出了新方案，即福卡。最初，福卡为"东南西北中"五福卡，寓意为"东南西北中，全球大联欢"。但为配合春晚的主题，支付宝在与央视几轮协商后，最终决定从社会主义核心价值观的关键词里选词命名。2016 年 1 月 28 日，集五福的活动首次正式推出，五福包括"富强福""和谐福""友善福""爱国福""敬业福"，集齐五福者可平分人民币 2.15 亿元。在当年，用户新添加 10 个支付宝好友即可参加，并随机获得三张福卡，三张福卡可能为同种，亦可能属于不同种类。好友之间则可以互相转赠、交换福卡。获得福卡的方式很多，可以和好友分享福卡、可以"咻一咻"得福卡、可以扫描"福"字得福卡或者在蚂蚁森林中浇水得福卡等。巨额奖励与多样的玩法很快吸引了广大网友，一时间，微博、微信等社交媒体中到处都充斥着五福信息。获得福卡的机会虽然很多，但支付宝控制了"敬业福"的数量，大量用户为了得到"敬业福"想尽了办法，甚至让"敬业福"一度成为网络热词。而当年为了放大这个活动的运营目标——搬运支付宝用户的好友关系链进入支付宝，活动特别设计了可以向别人求福，也可以向他人送福的玩法。这个玩法的有趣之处在于，如果支付宝用户想集齐五福，就必须要搬运自己的好友关系链，靠自己单打独斗，根本无法获得足够的机会集齐五福。2016 年除夕的 13：00，集齐五福的人仅 8600 名。但在 2016 年春节联欢晚会 20：24 的互动环节"咻一咻"活动后，有 79 万余名用户集齐了五福，人均拿到的红包金额为 271.66 元。

时间来到 2017 年春节，支付宝集五福的产品经理向大家道歉，称 2016 年春节没有让大家集齐五福，给大家真心赔个不是，今年痛定思痛，并喊出了"2017 年春节绝不让大家'五福不全'"的口号。于是 2017 年春节，支付宝集五福活动再次重装上线，这一次的玩法又发生了变化，在前一年加好友的基础上，又扩展出了 AR（增强现实）红包，用户在真实场景下找到"福"字，通过智能手机的摄像头进行扫描，就可以获得随机的"福"字。此外，用户通过参与蚂蚁森林，也可以获得"福"字。这一年的支付宝集五福活动，在保留了赠送好友红包活动的同时，还强化了红包有正反两面的真实体验，将红包的正反两面都变成了广告位，引导用户去使用广告的业务，并为参与活动的品牌进行宣传。同时，产品经理也没有违背承诺，2017 年春节，一共有 1.68 亿用户集齐了五福。在红包的分配方面，与 2016 年不同，2017 年支付宝采取"随机红包"的形式，最高金额为 666 元，最低则可能只有几毛钱。

很多人都认为 2018 年春节，支付宝不会再做集福活动了，但支付宝宣布，2018 年继续集五福、发红包，考虑到前一年的奖金池设计得太小，2018 年春节的活动资金将从 2 亿元增加到 5 亿元，用户最少能拿到 1.08 元，最高可得到 666 元。在玩法上，AR 红包也得到了升级，之前都是扫"福"字，而 2018 年春节的 AR 红包功能加入了扫"人"，只要被扫的人摆出"5"的造型即可。结果，支付宝在 2018 年春节取得了 2.51 亿人抢 5 亿元红包的成绩。

2019 年的集五福活动从 1 月 25 日开始，金额依旧为 5 亿元。2019 年的集五福活动继续采取"AR 扫福、森林浇水和庄园喂小鸡"得福卡的主玩法，还新增答题得福卡的方式，题目以安全教育为主。2019 年支付宝还上线了花花卡，若拥有此卡可参与抽取"全年帮你还花呗"，大奖共 2019 份，集福时均有机会获得花花卡。此外，福卡背面是一张刮刮卡，刮开福卡的用户有机会刮到奖品。2019 年 2 月 4 日 22:18，集五福开奖。根据支付宝官方的消息，1 月 25 日至除夕的 11 天里，全国超过 4.5 亿人参与了集支付宝五福活动。

在 2020 年的活动中，支付宝全面升级，采用了全新的"五福开放"模式。此次支付宝与一系列品牌一起组建"新春福气品牌"，与诸多品牌商家开展的跨界合作成为品牌流量增长的原动力。除了帮助品牌商家拉近与用户之间的距离和加强品牌商家的影响力，在商业方面，支付宝还联动阿里生态为品牌商家打造"轻店/小程序"的"自运营"模式，品牌商家还可以利用各种平台工具在自有支付宝小程序"阵地"上进行"拉新、促活"。对于所有参与活动的品牌商家而言，这也是一个全新的线下获客的机会。2020 年集五福活动自 1 月 13 日开始，金额为 5 亿元。

2021 年集五福于 2 月 1 日正式开始，金额仍为 5 亿元。本次活动保留"AR 扫福和森林浇水（于 2 月 4 日开始）"两种主玩法，同时保留预热活动"写福字"，每人每天可以写两张福字形成随机福卡，并且卡面会有自己的福字。新增"芭芭农场施肥"玩法，通过芭芭农场施肥可以获得随机福卡。支付宝还与多个品牌合作，在搜索栏中搜索品牌名称有机会获得随机福卡。不仅如此，支付宝还与多款应用和小程序合作，在打开指定应用或小程序时有机会获得随机福卡。集齐五福后，参与者可参与"打年兽"游戏。参与此游戏可获得福气值，福气值可兑换成"添福红包"，在 2 月 11 日开奖后与奖金一同发放。（改编自《网络整合营销》《新媒体营销与案例分析》《从零开始做运营　2》。）

支付宝集五福活动虽有不少出彩之处，但可能并不算是支付宝最优秀的推广项目。在我看来，支付宝最优秀的推广项目应属"蚂蚁森林"，以致我不确定是否该用商业项目来定义它。另外，"蚂蚁森林"又是那么完美地融合了公益、环保、扶贫、日常生活、用户渗透、熟人社交、产品黏性等众多的理念和诉求。有时候，我很吃惊地看到身边的朋友会持之以恒甚至夜以继日地经营他们自己的蚂蚁庄园，为种下属于自己也属于全人类的一棵实体树而兴奋不已、奔走相告，这个时候，你才会明白：好的商业背后一定有公益的情怀在里面，而好的推广也会把人性中的善良和有爱的一面激发出来，这将爆发出巨大的力量。让我们来看下相关的介绍。

参考案例

被善良驱动的蚂蚁森林

2017 年 9 月，蚂蚁金服 CEO（首席执行官）受邀在联合国总部发表演讲。在演讲中，她介绍了"蚂蚁森林"的故事：2016 年 8 月，蚂蚁金服推出了一项叫作蚂蚁森林的服务，鼓励用户低碳出行或在线消费，当用户因减碳行为而累积的绿色能量达到一定数值后，蚂蚁金服会委托阿拉善公益机构在荒漠地带种下一棵真实的树。也许听上去这是一个非常幼稚的游戏，但人们参与这个游戏的热情远远超出了我们的想象，每天都有超过三千万人玩这个公益游戏。蚂蚁森林用游戏的方式点燃了普通人的公益热情，短短一年中，蚂蚁森林已经拥有 2.3 亿用户，其中 40% 是女性，65% 是 28 岁以下的年轻人，累计减少了 122 万吨碳排放，同时在中国甘肃和内蒙古地区种下了 1000 余万棵树。这个关于环保的故事感动了在场的所有人，赢得了全场最热烈的掌声。联合国前副秘书长兼环境署执行主任埃里克·索尔海姆用"令人着迷"来形容蚂蚁森林，并表示："你们在用心呵护我们美丽的地球，呵护美丽的中国，很赞！"

　　过去，我们的经济发展过多地依赖于自然资源的消耗，不但导致了资源的浪费，也使生态环境遭到了巨大的破坏。人人都希望仰望天空时看到的是一片蓝天，希望拥有洁净的空气和水，却很少有人真正行动起来。但支付宝不一样，它从来不会"喊口号"，而是以实际行动推动人们改变环保理念。正因为如此，才有了蚂蚁森林这样的尝试。支付宝刚推出蚂蚁森林的时候，很多业内人士分析这是蚂蚁金服的又一次社交尝试。但事实上，蚂蚁森林的想法源于一位设计师在讨论推广个人碳交易、设计碳账户时的灵机一动。当时，蚂蚁金服设计部的一位设计师提出了一个建议：用一棵虚拟的树将碳交易的概念可视化，让用户每天节约下来的碳能量帮助这棵树"长大"。这个奇妙而又疯狂的点子博得了大家的一致认可。后来，公关部有人想起了曾经在 2008 年风靡一时的"偷菜"游戏，提出可以借鉴这个游戏的思路，加入游戏元素，让整个产品变得更"好玩"。就这样，在群策群力之下，蚂蚁森林就这样诞生了。

　　一开始，蚂蚁森林并没有做宣传推广，只是一些人自娱自乐的游戏。然而，2017 年春节的"浇水得福卡"活动，却一下子使这个公益产品火爆。这个活动上线 10 天，蚂蚁森林就增加了 1 亿多用户。很多人惊奇地发现，在浮躁的互联网世界，竟然有这样一个产品可以让人们将低碳行为转化为能量，轻松地参与到环境保护中，为中国的绿化奉献自己的力量。于是，很多人开始自发地过起了低碳生活：用走路或者骑共享单车的方式取代开车，通过网络购买火车票、预约挂号，在线缴纳水电煤气费和交通罚款……每天 7∶00，数以千万计的用户一醒来就会进入森林收取能量，只为攒到足够的能量种一棵属于自己的"梭梭树"。

正如支付宝高管所说："并不是说人们参与了这项游戏就可以解决空气污染问题，但这是一种唤醒，只要越来越多的人参与进来，就是一个非常令人期待的、乐观的趋势。所以，技术让绿色进入大众的视野和生活，而不仅仅是大企业和大机构参与其中。而这正是蚂蚁森林最了不起的地方——让人们为了绿水青山切切实实地行动起来，早起、走路，在看得见和看不见的地方，从'我'做起，保护地球。"

除了投入真金白银，在支付宝的努力下，蚂蚁森林这个平台还得以发扬光大，发挥了更大的作用。支付宝依托蚂蚁森林平台，用互联网思维打造生态环境保护与生态产品开发的新模式，通过金融、电商、社群等平台的跨界整合，以及线上线下的同步互动，带动数亿用户共同参与，不但完成了生态脱贫，还让生态价值转化为贫困地区人民兜里的真金白银，实现生态保护和经济发展的良性循环。

"平武蜂蜜"是生态脱贫的成功范本。2018 年 5 月 15 日，四川平武的关坝自然保护地在蚂蚁森林上线，蚂蚁森林用户只需要用 4.1 千克"绿色能量"就可以兑换 1 平方米保护地的 10 年保护权。平台上线仅 24 小时，就有 140 万网友通过蚂蚁森林能量认领，最终有 1823 万用户将其认领完毕。随后，当地的衍生产品"平武蜂蜜"上线阿里电商平台，持续关注这一片保护地的蚂蚁森林用户爆发出了巨大的购买力，第一次 1 万单产品仅用 105 分钟就销售一空，第二次 1 万单则在 1 分钟之内售罄。2018 年"双 11"期间，"平武蜂蜜"做了一次预售活动，2019 年全年产量的蜂蜜在 1 分钟之内被抢空。"平武蜂蜜"的成功，有力地推动着当地贫困户脱贫的步伐。

遵循着这一思路，2018 年 11 月 19 日，第一个生态经济林树种"沙棘"在蚂蚁森林上线，只用了一天的时间，超过 2.35 万亩沙棘就被 314 万用户兑换完毕。按照计划，这批沙棘树于 2019 年春天在内蒙古种下，超过 2000 万用户持续关注"可以吃的蚂蚁森林"话题，提出数百种沙棘吃法、用法，期待早日收获自己种下的果实。这片沙棘林拉动内蒙古当地超过 30% 的贫困户成为种植工人，实现就业。这个活动的衍生产品在阿里平台和其他途径的部分收益，也首先反哺给了当地造林行动者和贫困户。在 2019 年 1 月 10 日的阿里巴巴技术脱贫大会上，阿里巴巴的董事长亲自为这片生态经济林的衍生产品"MA 沙棘"饮料做起了广告，让这款饮料迅速成为网红饮品，也让更多人了解到了蚂蚁森林对公益的坚持。（改编自《彭蕾传：阿里巴巴背后的女人》。）

业务层模式的第四个 P：盈利模式

第四个 P 是盈利模式（Profit），就是指组织要找到自己的客户，并让他们买单。我们之前说过，在以互联网为代表的新经济中，客户未必是你的用户，那他们是谁？他们在哪里？他们为什么要买单？相信你看过以下五种常见的盈利模式之后，心中自然会有答案。

我认为，任何一种生意常见的盈利模式不外乎以下 5 种（见图 6-2）。第一种盈利模式是"用者付费"，意思是谁用谁付钱。这是最传统的，也是最常见的盈利模式。我把"进销差价"这种人类最传统的模式，也就是进货卖货并从中赚取差价也算在"用者付费"里面，因为付钱的都是最终使用产品或享受服务的人。虽然标的可能有所不同，有的是为商品付钱，有的是为服务付钱；又或者利润来源有所不同，有的是生产者或拥有者直接售卖，有的是经过中间商售卖，但本质都是使用者直接为使用价值买单。用者付费的例子有很多，比如，关于线下的店铺，谁租用了店铺做生意，谁就要向店铺的业主支付租金。即便在互联网时代，也不乏采用这种盈利模式的商家。比如，在美国流媒体网站 Netflix（网飞）上，每个用户要根据清晰度等按月支付一定的费用，这样才能观看平台的影视剧。即便它们后面推出了包含广告的会员套餐，也只是降低了月费，而不是完全不用付费。

图6-2　五种常见的盈利模式

事实上，Netflix 包括盈利模式在内的商业模式，前后已经历 4 次重大调整。虽然 Netflix 一直在坚持其赖以成名的月租模式，但从最早的影碟 O2O（线上到线下）租赁到流媒体再到自制剧，其单纯依靠用户数量增加的增长模式已然遇到瓶颈，广告会员也因此应运而生。详细的情况，我们可以看下相关的案例，也许能从中体会到它每次盈利模式转型背后的无奈及风险。

参考案例

Netflix 的四次创新

第一次创新：O2O + 月费

Netflix 创立之初是一家 DVD 租赁公司。当时行业内大多数企业的经营模式为顾客前往店家挑选 DVD（数字化视频光盘）。然而这种形态为消费者带来了三大痛点：其一，DVD 租赁的交易成本较高，顾客平均需要开车 10 分钟左右才能拿到 DVD，并需要在看完之后驱车返回，为顾客带来诸多不便。其二，观看 DVD 是非常愉快的事，但是没有人愿意还或者是忘了还，这就产生了第二个问题，高额的罚金，很多顾客交的罚金比买一张 DVD 还贵，由此导致顾客不满。美国当时最大的一家 DVD 租赁公司百事得的数据显示，其 20% 左右的收入来自罚金。其三，受到实体店规模的限制，DVD 碟片的种类相对有限，顾客能够选择的 DVD 就几百种。这些都让顾客有很糟糕的体验。

Netflix 的第一次创新是颠覆了以实体 DVD 出租店为形态的出租方式。Netflix 当时提供了如下解决方案：顾客可以在线搜索和预定自己想要的碟片，同时通过快递收到 DVD。这种方式给用户带来了一个非常独特的用户体验，和传统的 DVD 出租的形态相比可以足不出户，在家中等待 DVD 影片，并且不罚钱。同时还创新推出"月租费"模式，分有限套餐与无限套餐两种，价格在 8.99 ~ 43.99 美元。这两个创新从 1999 年就开始实施了，其实是后来的 O2O 模式。线下（Offline）由两部分组成，DVD 仓库和美国庞大的邮政网络，实现线下 DVD 的分解和邮寄。线上（Online）则有订单、实时查询、社区以及最关键的一个环节——推荐系统。这个推荐系统也是推动整个 Netflix 一直能够成功到今天的最重要因素。这个推荐系统事实上是基于大数据建立的。该公司和用户进行大量的交互，跟踪客户的观看习惯和观看行为，通过收取用户在观看后的一些反馈创建了庞大的数据库，并且运用高度智能化的算法建立了推荐系统。

在盈利模式方面，传统企业按 DVD 租借数量收费，Netflix 反其道而行，率先提出了月租制的收费模式，使顾客可以无限次地租借影片。此外，逾期无罚金的方式使顾客不受租借时间的限制，但顾客若想再看其他影片，就需要先归还先前的碟片，公司才会按照线上预约清单寄出下一个碟片。该模式彻底颠覆了以往按 DVD 租借数量收费的盈利方式，不仅降低了顾客的平均租金，而且有效地保证了 DVD 的及时归还。

第二次创新：流媒体

随着技术进步，数字传送时代的到来，顾客的需求也随之发生变化，他们不再满足于通过 DVD 播放的方式观看影片，而是希望借助网络和终端设备随时随地享受观影体验。为了迎合顾客需求的变化，企业必须创新自身的商业模式来确保正确的价值定位。随着 DVD 的视频播放形式逐渐被流媒体取代，视频点播（VOD）成为家庭视频租赁市场的新服务形态。基于此，Netflix 对当时自己的商业模式进行了创新和颠覆，开始逐步渗透到 VOD 服务市场。

2007 年，乘着网络带宽不断提高的东风，Netflix 推出了新功能：用户可以在线观看电视和电影节目。最初 Netflix 实行按流量收费制，一年后取消了这项规定，用户支付月费后便可以无限制观看。比起昂贵的 DVD 租赁运营成本，Netflix 为每次在线观看支付的成本不到 5 美分，因此 Netflix 的业务逐渐从 DVD 向在线播放转移，而人性化服务仍是 Netflix 一脉相承的方针，如 Netflix 让用户免费试用一个月，合约是按月计费的，如果不满意，可随时取消。凭借多年的积累，Netflix 也有雄厚的内容储备对用户具有深深的吸引力，影片数量达 10 万部，在线播放节目数量达 17000 部；而用户交纳 7.99 美元的月费，就可以无限制地在线观看这些内容。

相比一般家庭的有线电视费用，7.99 美元的月租非常少，因而吸引了大量用户。月租的收费模式帮助企业实现了客户数量的增加，并有效地黏住了客户。由于企业每增加一名客户的边际成本几乎为零，随着客户数量的增加，Netflix 公司的收入也实现了大幅增长。

第三次创新：自制剧

2011 年，Netflix 一项提高价格的举措引起了顾客的强烈不满，导致公司陷入巨大的危机。但真正的问题在于，付费会员作为其核心营收来源的结果，就是 Netflix 用户的付费决策和平台提供内容的质量成正相关，而那时好莱坞已经对 Netflix 这类会抢夺影院、DVD 受众的流媒体平台持敌对态度。

尽管在影视内容的搜寻上投入巨大，但 Netflix 还是要面临新内容获取的瓶颈，原因有二。一是影视制作公司的授权费用日益高涨，而好莱坞的独家授权费也变得更加高不可攀。2011 年 9 月，Netflix 与 Starz 电视台的交易告吹，原因之一就是费用太高。之后，为了获得更多最新内容的独家播放权，Netflix 不得不与迪士尼签署授权协议，每年支付的授权费用高达 3 亿美元。因此，Netflix 不可能在毫无节制的巨大成本支出中维持既有的经营现状。二是有线电视、卫星电视等电视运营商是电视内容商最主要的分销渠道和利益同盟。电视内容商要依靠电视运营商获取绝大部分的收入，根本就不愿意打破这种利益同盟，因此，Netflix 要想在众多影视制作公司那里获得全新的电视播放权的机会就会很小。例如，即使 Hulu（美国的某一视频网站）的股东是新闻集团、迪士尼和 NBCU（美国的环球影视公司）等主要内容商，它也无法在内容上获得股东的充分支持，而只能获得在电视上已经播放过的内容的独家线上版权，更何况没有强大的娱乐机构做背景的 Netflix。

如果不能获得更多新内容的独家播放权，Netflix 就很难最终形成对传统电视运营商全面封杀的局面。更严重的是，HBO（美国的家庭影院频道）作为最优质的电视内容与运营整合经营商，将会对 Netflix 的现在及未来发展造成致命的威胁。因此，自制影视剧开始成为 Netflix 在内容竞争上的一项重要策略，它意识到只有自制原创剧，并形成强大的市场影响，才能打破电视内容商日益高企的授权费用；也只有在自制原创剧的影响力下，才能突破由 HBO 携其优质内容一统天下的竞争局面。

2013 年凭借其自身投资制作的美剧《纸牌屋》的大热，Netflix 公司东山再起。在大数据的引导下，Netflix 首次尝试了用户需求决定生产的 C2B，并获得了初步成功，实现了从渠道、平台商到内容服务商的转换。

从渠道、平台商转变到内容服务商之后，企业必须依靠内容制作的创新来吸引新的用户、黏住用户，以此快速传播品牌、提高市场影响力，增加收入。这种情况下，月租的收费模式也会产生一定的弊端：因为单部剧产生的经济效益相对有限，企业想要维持内容库的存量，仍必须付出巨大的版权购买费用。而且，影视内容制作是一个传统的创作赛道，互联网行业所能赋能的地方寥寥，最终导致 Netflix 在内容制作上与好莱坞传统制片商变得越来越像。

第四次创新：广告会员

2022 年，Netflix 发出了十年来最差的财报，并且史上首次出现用户规模下滑的情况。其实在过去十余年间，Netflix 的高歌猛进，就是地域上从北美开始一路扩张到欧洲、拉美、澳洲、东南亚、非洲的结果。可现在的情况是，地域拓展的潜力似乎已经被挖尽，否则 Netflix 也不会出现用户下滑的状况。Netflix 在过去两年间陷入泥潭，就是其通过用户规模扩大去拉动订阅收入增长的故事已然讲不下去的一种体现。只不过彼时 Netflix 的解决方案是通过涨价来实现对消费者剩余价值的挖掘。

尽管一直以来，作为订阅制旗手的 Netflix 对广告都有所抵制，并且曾多次表示其流媒体服务不会加入广告，声称"我们将有一个更有价值的业务，那就是不参与广告收入的竞争，而是完全专注于为观众的满意度而竞争"。但随着 Netflix 在全球的扩张触达天花板，它以往信奉的商业逻辑似乎也开始失灵了。因此，Netflix 被迫开启变革之路，打破不做广告的誓言，推出了 6.99 美元/月的含广告订阅服务。这让"即使 Netflix 也不可能永远拒绝广告"这句话一语成谶。近日有消息显示，Netflix 撤销了在美国和英国市场 9.99 美元/月的"无广告基础套餐"，以使更低的广告会员来完全代替原本的基础套餐，作为加入 Netflix 会员订阅体系的门槛。Netflix 取消 9.99 美元/月的基础会员就是为了引导用户选择广告订阅，毕竟，基础会员订阅本身已经变成鸡肋：无广告的基础会员订阅提供的是 480P 的画质；而广告订阅则是 720P 画质，只不过少了离线下载功能，多了每小时需要观看的 4～5 分钟的广告，但每月便宜了 3 美元。所以如此看来，无广告基础会员几乎是毫无性价比可言：因为如果预算有限，可以选择降低体验购买广告会员；如果希望体验更高的画质（1080P），则可以选择 13.99 美元/月的标准版会员。

在广告会员上线半年后，Netflix 就已经开始高呼"广告真香"了。Netflix 的最新财报能很好地诠释这一点。在 2023 年第二季度，Netflix 新增用户数达 589 万，高于市场预期的 180 万，总用户数也达到了 2.384 亿。Netflix 对此的解释是，业绩增长的原因在于扩大了账户付费共享应用的范围，以及推出的广告会员开始见效，半年多的时间里，已有 500 万用户注册了广告订阅服务。（改编自《移动社交网平台企业商业模式及其创新》《外国电影史》《三极营销》《广告订阅取代基础会员，奈飞还是对广告说"真香"了》。）

第二种盈利模式叫"交易佣金"，意思是谁通过服务供应商做成了交易，谁就要按照每笔交易的金额支付一定的佣金。这在传统的地产行业、电商等行业都非常普遍。比如，天猫商城的商家在商城完成每笔交易后，都要支付一定的佣金。再比如，美国的亚马逊（Amazon）也一样有佣金模式。

第三种盈利模式叫"高级会员"，意思是使用基础的服务是免费的，但如果要享受更多的权益、更好的服务，就要付费成为高级会员，高级会员与免费会员之间有充分的价值区隔。这样的例子也不少。比如，流媒体网站优酷上面有一些免费的影视剧可以看（其实会看广告），这些是不用付费的，但如果你想看热门的影视或者大片，就要开通会员。再比如，你可以在咪咕体育上免费看足球赛的重播（要看广告，也会提前看到比分），但如果你要看直播，就要付费开通它们的会员。

这里有个有意思的例子是特斯拉，大家都知道特斯拉是一家售卖电动汽车的厂商，但它的盈利模式不仅只是电动汽车的"用者付费"，还有行车软件付费订阅这样的"高级会员"，甚至还包括碳排放配额的出售。2018 年，特斯拉通过碳排放配额出售获利 4.2 亿美元，2019 年获利 5.9 亿美元，2020 年获利 15.8 亿美元。2020 年公司扭亏为盈中（盈利 8.6 亿美元），碳排放交易可谓功不可没。而软件订阅更是有可能成为特斯拉乃至未来车企的重要收入来源。比如，特斯拉自 2016 年起就在出厂车型上配置 Autopilot（自动导航）硬件，用户可以付费选择 EAP（增强辅助驾驶）或 FSD（全自动驾驶），FSD 的价格已经过 4 次上调，从最初的 6000 美元上涨到 2022 年的

15000 美元，以 FSD 为主的会员收入目前已占到总营收的
7.7%（2022 年第三季度）。据测算，到 2030 年，车企的软件
收入占比将从 2010 年的 7% 增长到 30%。照这情况发展下去，
也许汽车行业也会出现"租软件送车"的月租模式。

　　第四种盈利模式叫"广告模式"，意思是不用付钱，但要
看广告。比如微信，使用完全免费，但会推朋友圈广告。再比
如谷歌，搜索不要钱，质量也过得去，但会看到与搜索内容有
关的广告。而这些广告具体的合作模式也是多种多样的，最基
本的是 CPT（Cost Per Time），按合作时长来付费；第二种是
CPM（Cost Per Mille），Mille 是拉丁语中"一千"的意思，
CPM 的意思是按每千次展现来付费，比前一种更直接；第三
种是 CPC（Cost Per Click），按每次点击付费，这个也可以算
是 CPA（Cost Per Action，按行为来付费）的一种，更为精准，
也被目前的搜索引擎普遍采用；最后一种是 CPS（Cost Per
Sale），按每次成交分成付费，这种模式对广告主的网站转化
率、客单价、销售数据共享等都提出了很高的要求，广告播放
平台一般不太愿意采用。

　　第五种盈利模式叫"增值服务"，意思是用户使用基础服
务不用付钱，但会向用户售卖一些其他的产品或服务。比如，
用户玩手游有不少是免费的，但里面的道具要花钱，很多用户
为了成绩也愿意掏钱。再比如，健身软件 Keep 里面有不少免

费的课程，但除了会员课程，还会卖一些运动服饰或器具，这也是一种增值服务。

需要注意的是，现在很少有组织采用单一的盈利模式，往往因地制宜地集成了多种模式。比如前面谈到的优酷，除了高级会员，免费会员也需要观看贴片广告来为平台创造价值。再比如，淘宝或亚马逊的盈利模式既包括商城的佣金，也包括直通车等广告模式，还包括为卖家提供的软件技术等增值服务。亚马逊的例子就很有代表性，它从网络书店起家，发展到现在真正成为电子商务的生态系统，其多元化的服务和多元化的盈利模式也是其成功必不可少的因素之一。我们来看下相关的案例。

参考案例

亚马逊的十大盈利模式

1994 年亚马逊在美国华盛顿州的贝尔维尤成立，起初是一家小型在线图书经销商。1997 年 5 月 15 日，亚马逊在纳斯达克上市，IPO（首次公共募股）为每股 18 美元。从本质上讲，亚马逊是一个交易市场，消费者可以通过亚马逊平台找到想要的产品，超过 170 万家中小型企业可以在亚马逊平台上销售商品。亚马逊的竞争对手包括 Walmart（沃尔玛）、eBay（亿贝）等。数据显示，迄今为止，亚马逊在线零售仍然是最大的线上产品零售商。

　　亚马逊早期一直未有盈利，贝索斯用了15年的时间（自1997年上市至2012年）才转变了华尔街分析师的估值逻辑。一位华尔街的分析师开始反省："可能我们之前对眼前利润的痴迷是很愚蠢的。"利润是可以"造"出来的，包括非现金流部分、资产重估、折旧政策、出售资产、坏账政策、商誉，甚至是表外资产处理等，而营运现金流才是企业自身造血的能力体现。贝索斯正是将亚马逊产生的"正"营运现金流不急于回报给股东为利润，而是投入亚马逊生态系统的构建，特别是电商物流配送体系和AWS（亚马逊网络服务）云服务平台之中，为其商业模式创造了持续强大的成长动力。

　　亚马逊的盈利模式品类繁多、五花八门，归纳起来，可以说有以下十种：

　　第一，自营电商的商品价差。比如，在亚马逊2021年上半年的财务报表中，亚马逊的销售额约为68.3亿美元，其中亚马逊自营销售额为16.9亿美元。自营之中也包括集成Alexa语音助理的智能音箱系统（它可以控制几个智能设备，并作为智能家居系统的核心），以及电子书阅读器Kindle。

　　第二，平台电商的店铺租金。2021年上半年，亚马逊第三方卖家的销售额是51.4亿美金。比如根据亚马逊2024年3月的政策，对中国卖家而言，支付39.99美元月租将同时开通亚马逊 18 大站点。

第三，平台电商的交易佣金。销售佣金是亚马逊最核心的盈利板块，卖家每卖出一件产品，亚马逊都要抽取一定的佣金。不同品类的产品，销售佣金百分比和按件最低佣金都有不同的规定。例如，一件母婴产品的单价为 5 美元，销售佣金百分比为 15%，其按件最低销售佣金为 1 美元。根据以上公式，费率佣金 0.75 美元小于最低佣金 1 美元，因此这件母婴产品实际的销售佣金为 1 美元。

第四，平台电商的广告费、促销费等。广告是亚马逊又一大盈利板块。亚马逊的广告组合非常多，有类目广告、手动广告（广泛匹配、词组匹配、精准匹配）、自动广告、品牌广告、视频广告等。广告组合类型越多，卖家就投入得越多。如果卖家选择参加 Prime Day（亚马逊会员日）、网络星期一、返校季等各类促销活动，除需要具备相应的申报条件和折扣要求外，还需要向平台支付相应的费用，比如参加 Prime Day 促销每次收取 500 美元。

第五，平台电商的仓储费或物流费。如果卖家使用亚马逊物流 FBA（Fulfillment By Amazon），平台还将额外收取物流费和仓储费。如果使用 FBA 发货，卖家需要支付 FBA 费用，包括挑拣、包装、发货、配送、退换货等费用。对存放在仓库内的货物，亚马逊也会收取月度仓储费或长期仓储费，一般在每个月的 7 日至 15 日收取上个月的月度仓储费，月度仓储费因产品尺寸和一年中不同月份而异。

第六，云计算服务费。亚马逊最核心的一个战略优势，是对 AWS（Amazon Web Service，亚马逊云科技）业务的长期的、坚定的投资，已经有 190 多个国家和地区的大量企业和政府部门成为其用户。截至 2018 年年末，AWS 拥有几乎一半的全球公有云的市场，市场占有率达到 48%。AWS 有数以百万计的客户，包括苹果公司曾每月支付 3000 万美元，年度支出高达 3.6 亿美元，2015—2019 年的五年内在 AWS 上花费至少 15 亿美元。

第七，Prime 会员订阅服务。亚马逊 Prime 是亚马逊公司提供的付费订阅服务，费用是按年或者按月收费，每月 12.99 美元或每年 119 美元。使用 Prime 服务，会员可以节省送货的时间和成本，并且访问 Prime 音乐、Prime 阅读、Prime 视频都有资格享受特别折扣。2018 年，亚马逊首先开始在美国为会员提供"免费一日达"的配送服务；在 2019 年 12 月 31 日，亚马逊的付费会员数量达到 1.5 亿；到 2020 年 10 月，超过 50% 的美国居民已经成为亚马逊的付费会员，会员免费送货上门时间最快缩短到 2 小时。

第八，内容订阅服务。其中包括电子书会员服务（Kindle Unlimited）。购买 Kindle Unlimited 订阅服务的用户，可以在订阅期内无限阅读任意一本参加订阅服务的书籍。内容订阅还包括亚马逊音乐和亚马逊视频的订阅服务。

第九，内容出版。亚马逊 KDP（Kindle Direct Publishing）是作者自行出版和按需印刷的大型平台之一，亚马逊平台提供书籍的平装、精装和数字文件，并从每一本书的印刷或者销售中盈利 30% 甚至更多，作者获得的版费为 35% ~ 70%。内容出版还包括亚马逊自制影视剧集的拍摄和发行。

第十，线下商店业务。2017 年，亚马逊以 137 亿美元收购"全食"连锁店。之后，两者努力实现优势互补：亚马逊开始在"全食"门店售卖 Echo（亚马逊的一款触屏电子设备）之类的硬件，并在某些门店放置快递柜；而"全食"也开始在一些门店为亚马逊 Prime 会员设置特殊折扣的标识，并提供免费送货服务。到 2017 年第三季度并表时，"全食"业务就为亚马逊贡献营收 12.76 亿美元。

2019 年，亚马逊的总营收达 2805 亿美元，同比增长 20.45%，近五年的复合年均增长率达 27.24%。网上商店仍是亚马逊的主要收入来源，2019 年营收为 1412 亿美元，约占总营收的 50%，同比增长 15%；为入驻的第三方卖家提供服务的收入达 538 亿美元，约占总营收的 19%，同比增长 26%，是第二大收入来源；云服务（AWS）业务营收 350 亿美元，约占总营收的 12%，同比增长 37%，为第三大业务。亚马逊公司其他业务板块，如：订阅服务以 Prime 会员为主，2019 年营收达 192 亿美元，约占总营收的 7%，同比增长 36%；线下商店业务以"全食"超市为主，收入 172 亿美元，约占总营收的 6%；广告等其他业务营收 141 亿美元，约占总营收的 5%，同比增长 39%。（改编自《跨境电商选品维度与技巧》《跨境电商：理论、操作与实务（微课版）》《成就千亿市值》《智情企业》《中国赛道：投资大师罗杰斯谈中国未来趋势》。）

在盈利模式中，另一个需要注意的问题是：盈利模式的发展趋势，基本来讲，是从基础服务向增值服务、从收费向免费转变的。因为这是合乎人性的，普通人总是更愿意尝试免费的产品，然后再决定是否需要为更高级的需求买单。基础服务免费而带来的客源增加也完全有可能促进增值服务的转化。关于这一点，除了我们前面讲过的 360 杀毒软件案例，在金融券商行业，折扣券商甚至零佣金的券商和基金产品也已经层出不穷。

第二节　集团层模式的核心——多元化模式

一般而言，区分单业务与多业务的标准，是看推出的产品或服务是否存在本质差异。不同的产品往往对应着不同的用户和业务。因此，我们将单一产品的组织视为单业务组织，而将多产品的多业务组织视为多元化、集团化组织。

多元化的分类

对于多元化的定义，有观点认为，企业拥有多个业务，并使用一组相似的有形和无形资产的，是"相关多元化"；而经营多个彼此间并无联系业务的企业，则是"非相关多元化"。

另一种标准则更为量化，是根据企业总收入的构成占比定义的。如果某个企业最大业务收入占总收入的 95% 或以上，则认为它是"单一业务型"；如果最大业务收入占总收入的 70%～94%，认为它是"主导业务型"；如果最大业务收入占总收入的 69% 或以下，并且不同业务之间存在一定的联系或相同的属性，认为它是"相关多元化"；如果最大业务收入占总收入的 69% 或以下，并且不同业务之间极少存在联系或相同属性，认为它是"非相关多元化"。

多元化的优势

多元化的优势有很多，主要包括以下五个方面：①维持公司增长。我们之前介绍过波士顿矩阵，当市场逐渐成熟时，明星业务也会慢慢变成瘦狗业务，这时原先的业务很难实现持续的增长，可能需要企业进行多元化来获得发展动力并提升业绩。②对过剩资源或优势资源的复用与杠杆化。随着企业的发展，可能有一部分资源并没有加以充分利用，比如资金、品牌等，通过多元化，企业可以最大限度地利用这些资源。③降低整体风险。单一业务所处的单一市场受到突发事件影响的概率远大于多元化集团，而多元化能分摊这部分风险。④财务优势。多元化的集团在税收方面，可以用个别业务的阶段性亏损去冲抵盈利业务需要上缴的所得税，而更大的营业收入也意味着信贷方面的优势。⑤在相关多元化中，横向一体化有助于减少竞争，从而获取更大的市场支配力，而纵向一体化也可能对上游供应链或下游营销渠道等起到很大的稳定作用。

多元化的弊端

多元化的弊端主要有两个。一个是反垄断方面的风险，特别是相关多元化中的横向一体化，因为它明显带有抑制竞争的属性。说到反垄断，尽管美国也有以芝加哥大学为代表、信奉市场自由的"淡水学派"与以哈佛大学等为代表、信奉政府干预的"咸水学派"之争，但美国的反垄断案件仍一直不绝于耳。而在中国，近年来更是对垄断保持高压态势。组织在思考多元化模式的时候要予以充分考虑。即便只是非相关的多元化，当企业规模不断壮大的时候，也难免引人瞩目。

另一个弊端是管理的复杂性。多元化无疑对管理提出了更高的要求，如果不能充分消化多元化带来的规模增长，很可能出现一加一小于二的情况。彭罗斯的企业成长理论也谈到类似观点。彭罗斯认为，企业成长的速度、方式和界限都将由企业能力大小决定，尤其是管理能力，这种无法交易的管理能力将成为企业成长速度最终极的制约因素，这种制约被称为"彭罗斯效应"。我们在考虑多元化的时候，也应该考虑自身的管理水平和管理资源是否达到了相应的要求。

我当年在南京医药旗下互联网业务集团担任高管的时候，对多元化的复杂性就深有体会。南京医药股份有限公司（以下简称南京医药）成立于 1951 年，是中国 500 强企业，在国内医药流通领域位居前茅并较早上市，南京医药旗下的企业不胜枚举。我至今仍记得第一次参加股份公司年度经济工作会议时的情形，原以为这种股份公司高层的会议人数并不会太多，事实上济济一堂，要看桌上的席卡才能找到座位，股份公司董事长发言时将下属单位统称为"流域内企业"也让我倍感新奇。而在业务角度，我们原先希望通过互联网包括互联网金融的技术对传统医药企业进行赋能与协同的想法，以及所谓"存量上线拓增量"的垂直电商运营策略，在这种多元化的背景下也举步维艰。而这也是多元化管理复杂性的表现之一，利益区隔、沟通效率等都可能影响组织对外界变化做出响应的速度。引申开来说，一家企业过去的成功，可能影响它现在的进一步成功，甚至可能成为将来失败的导火索。

但话说回来，像南京医药这样的多元化，也是企业增长到一定规模很难彻底避免的事情。而且它的多元化也基本属于相关多元化，协同壁垒和管理难度都小很多。企业只要能引起重视、加强管理，也是可以扬长避短的。但也有人认为，放眼全世界，导致规模企业失败的原因往往就是盲目多元化。在中国，多元化失败的案例更是不胜枚举，比如之前的巨人集团或是后来的乐视生态。巨人集团的董事长史玉柱在多元化失败之后变得非常"谨慎"，他为自己定下了三条铁律，其中一条就是绝不盲目冒进、绝不草率进行多元化经营，这也值得很多企业引以为戒，我们来看下相关的案例。

参考案例

史玉柱的多元化教训

在企业危机中，由于企业经营者痴迷多元化而引发的危机不胜枚举。日本著名管理学家大前研一在对中国沿海地区进行考察后坦言："我对中国企业家唯一的担心不是缺乏机会，而是机会太多。"在大前研一看来，机会太多可能促使企业经营者盲目多元化。在很多企业家论坛上，一些企业家都在谈论如何学习通用电气的多元化，甚至在很多企业经营者的办公室里都有一本关于通用电气前 CEO 杰克·韦尔奇的自传。这些企业经营者对通用电气多元化战略的重视，足以证明中国企业经营者对多元化的迷恋。遗憾的是，很多中国企业的多元化经营都面临一个非常棘手的问题：当企业达到一定规模后，企业经营者就会迫不及待、信心十足地进入一个全新的行业，最后往往不仅新的业务没有获得预期的经济效益，而且原来的主营业务也因不停地被"抽血"而奄奄一息，甚至导致企业因此破产倒闭。

在 20 世纪 90 年代的中国，多元化成为诸多企业经营者绕不过的话题。在这个机会多如牛毛的时代，似乎只要多元化就能成功。但"跑马圈地"的结果是越来越多的企业经营者陷入了被动之中。在这场轰轰烈烈的多元化实践运动之中，史玉柱就是其中一个受害者。

1994 年 8 月，在国外软件大举进军中国，抢走了汉卡的市场份额，侵占了巨人集团其他软件产品的生存空间之后，急于从 IT（信息技术）困境中突围的史玉柱把目光转向了保健品，并且斥资 1.2 亿元开发了全新产品——脑黄金。资料显示，在 1994 年 10 月至 1995 年 2 月这短短几个月的时间里，在供货不足的情况下，脑黄金的销售回款竟然突破 1.8 亿元。此刻，史玉柱看到了"暴力营销"的巨大作用。在 1995 年 5 月 18 日，巨人集团更是将"暴力营销"做到了极致，同时在中国上百家报纸刊发整版广告。

当脑黄金取得开门红之后，巨人集团还推出了保健品、电脑软件和药品三大系列的 30 个新品。在 30 个新品中，自然又以保健品为主，总共推出 12 个品种，包括有减肥、健脑、醒目、强肾、开胃等功效的产品。广告发挥了巨大的作用，在短短 15 天之内，经销商的订货额就突破了 15 亿元。在当时的三株、太阳神等保健品还在对农村做刷墙体广告的时候，史玉柱采用铺天盖地、无孔不入的广告策略加之渠道建设和严格管理，让一款全新的保健品在中国家喻户晓。当年，史玉柱和他的脑黄金一起，成为妇孺皆知的明星。不到半年，巨人集团的子公司就从 38 家发展到了 228 家。在取得阶段性成果之后，1996 年年初，史玉柱发起了"巨不肥会战"，以"请人民作证"的口号再次在全国掀起了保健品热销的狂潮。此刻史玉柱跟其他多元化的企业经营者一样，必然面临扩张后管理不善等问题。资料显示，史玉柱的盲目扩张不仅导致脑黄金保健品管理不善，同时还导致脑黄金市场迅速萎缩。

史玉柱回忆说："比如，巨人汉卡。(当时) 巨人汉卡确实做得不错，质量很好，销售额也很大，利润也很可观，在同行业里已经算是佼佼者了。但是很快我们就以为自己做什么都行，所以我们就去盖了房子，做了药，又做了保健品。保健品脑黄金还是成功的，但是脑黄金一成功，我们一下子做了 12 种保健品。然后软件又做了很多，我们又做了服装……那时候，头脑发热，做过十几个行业，全失败了，包括脑黄金、巨能钙、治心脏病的药以及我们的老本行——计算机软件、硬件。"

在史玉柱盲目多元化的过程中，步步高电子公司的创始人段永平就曾经给过史玉柱不要盲目多元化的忠告："做企业就好像高台跳水，动作越少越安全。"然而，由于史玉柱少年得志，因脑黄金而名噪一时，再加上史玉柱正处在多元化的冒进之中，自然也就没有过多地琢磨段永平的告诫。在遭遇失败之后，史玉柱才明白了段永平当初的忠告："在中国，多元化的企业除了复星，成功的没有几个。中国企业家十年前的最大挑战在于占据机遇、把握机遇。随着这十年来经济、法制的进一步规范，各行业进入了白热化的竞争，所以现在企业家的最大挑战在于是否能够拒绝诱惑。"史玉柱还曾公开强调："但凡是鼓吹自己多元化的，3 年就会遭遇经营困难，不超过 5 年就会完蛋。企业面临的最大问题不在于你有没有发现机会的能力，而在于你能不能抗拒各种机会的诱惑。"另外，史玉柱认为"领导者的知识面、团队的精力、企业的财力问题"也非常重要，"现在各领域的竞争都是白热化的，企业只有集中精力，形成核心竞争力才能立足，否则就会在一夜间完蛋"。

之后，史玉柱为了让企业的投资决策更加理性，在企业进行项目投资时，设立了七个人的决策顾问委员会来投票决定提名的项目。史玉柱只是其中一个决策顾问，尽管员工们私底下还叫他"老板"，然而，作为决策顾问的他却并未享受老板的绝对权威。那么，在公司建立一个决策委员会是否会影响决策的效率呢？答案是肯定的。史玉柱说："速度肯定要受到影响，但对现在的中国民营企业家来说，最大的挑战不在于他能不能发现机遇和把握机遇，而是他能不能抵挡住诱惑，这跟十年前的环境不一样了，但很多人还没有弄明白。中国现在的机会太多了，不用去找机会，机会就会找上门。"正是史玉柱建立的决策委员会机制，数年来一直在给史玉柱发热的头脑泼冷水。在吴征退出新浪公司（以下简称新浪）的时候，有人问史玉柱买不买新浪，新浪给出的价格十分吸引人。虽然事实证明，若当时出手，他就会净赚数十亿元，然而，决策委员会觉得风险过大而没有同意购买，最后他选择了放弃。史玉柱也不恼气，因为决策委员会的许多决策也为他挡住了不少风险。

至于成功的方法，据说失败后的史玉柱曾找到三株药业集团的创始人吴炳新请教过。史玉柱得到的指点是，集中全部精力做一款产品，成功后再做第二款。比如在做脑白金的时候，就只做脑白金；脑白金成功后，再做黄金搭档；黄金搭档成功后再做《征途》；《征途》也成功了，再集中精力做《巨人》。（改编自《互联网＋时代的企业危机管理》。）

实现多元化的方式

实现多元化的第一种方式是"内部创业"，这相当于在组织内部新建一块业务。虽然这种方式会消耗一定的资源，周期也相对比较长，但一般而言，过程和风险更为可控。

实现多元化的第二种方式是"合资"。当新业务有一定的进入门槛或投入较大、风险较大时，有时企业也可以选择与拥有互补资源的企业进行合作开发。但其问题在于，后期如何避免发生目标、文化、管理、利益等方面的冲突。

实现多元化的第三种方式是"并购"，包括合并和收购。合并（Merger）是指两家公司同意在相对平等的基础上对两者的经营进行整合；而收购（Acquisition）是指一家公司购买另一家公司的全部或部分股份，并将被收购公司的业务纳入其战略组织，其中也包括被收购公司并不自愿的"接管"。

通过并购进入新业务、实现多元化的方式的优点是快捷，也能有效避开准入门槛，但这种方式也有它的问题，具体包括：①较高的并购溢价。如果并购优质企业，一般都会有比标的公司市值更高的溢价，以便说服标的公司的股东会和董事会同意，比如美国 2003—2013 年的并购溢价通常在 20%～25%。②不菲的并购成本。并购的成本不仅包括支付给标的公司的价格本身，还包括谈判、尽调、整合等方面的成本。③较难的消化整合。完成并购只是第一步，如何让标的公司真正融入新公司、持续创造价值也是件很重要的事，既要保持原先团队和高管的稳定，又要让他们接受一些新的方向、新的目标、新的文化，这里的分寸拿捏也很考验水平。

多元化的注意事项

在组织推进多元化时，需要考虑诸多因素。第一，多元化的最佳时机，是在原业务充分增长之后进入发展瓶颈的阶段，而不是在一块业务还很焦灼，还需要全力以赴的时候。说白了，你第一块业务都没搞好，就别急着搞第二块业务，否则精力、资源等都是问题。站在这个角度，多元化也明显不适合创业公司。创业公司应该找准一个点，把它突破了，再想别的事。

第二，非相关的多元化要更加慎重。因为非相关的多元化很难产生"协同效应"。所谓协同效应，是指一家企业通过整合多种业务中的重复经营活动，部署尚未充分利用的资产，从而实现可持续的成本节约。有作者谈道："根据一项重要的研究，当公司从单一业务转变为相关多元化时，业绩会提升；而当公司从相关多元化改为非相关多元化时，业绩会下降。"所以，规模、多元化、专注三者之间并不矛盾。我们通过下面华为的案例，除了希望说明之前讲过的多元化的风险，更是为了强调组织保持专注的重要性。

参考案例

华为的专注

厚积薄发是华为对抗熵增、逆势做功的水泵。巨额、持续、对准主城墙、饱和攻击、孤注一掷地投入，这几个特点可以很好地诠释华为是如何做到厚积薄发的、如何把财富积累转变为企业新势能的。

（1）投入巨额研发经费。根据数据统计，华为最近十二年投入的研发经费已超过 6000 亿元，是中国研发投入最多的公司，研发投入占营业额的比例常年超过 10%，近几年这一比例更是不断攀升。这种持续、罕见的研发投入在世界是名列前茅的。迄今为止，华为有 8 万多名研发工程师，占总人数的比例超过 45%。华为还拥有多位世界顶级科学家，在全球建立了多个进行科技创新的能力中心，从事通信、算法、芯片、5G、电子及未来科技等诸多领域的研发和创新，是名副其实的科技巨头。华为持续不断地对研发进行投入，从未间断。2008 年，华为的研发投入为 112 亿元，之后不断攀升，2019 年更是达到创纪录的 1317 亿元。华为持续、高额地进行研发投入，持续地发挥几万名工程师以及世界顶级专家和科学家的聪明才智，不断地激活组织，不断实现创新突破，从不满足，怎能不成为世界一流企业呢？

（2）对准主目标。对华为来说，重点突破一定要对准主目标。这是华为成功的另一个核心要素。华为是典型的"理想主义者"。在通信行业 ICT（信息与通信技术）主业务上，华为从不分散精力，不在非战略机会点上浪费公司资源。专注的另外一个表现是，拒绝一切短期利益的诱惑。华为对准主城墙的主要表现是：不进行资本运作，不上市。华为认为资本是短视的，资本运作和上市会分散大家的注意力，过分追求短期利益会干扰公司战略目标的实现。

我曾经和一位在华为工作多年，现已退休的老同事聊天，这位老同事谈道："任总是有理想的人，你想想，他是学建筑的（原重庆建筑工程学院毕业）。我们深圳基地、松山湖基地建得多漂亮！他在对建筑美学的理解上是很有造诣的，但即便如此，任总在房地产辉煌的十年里硬是没有投资房地产，以华为的实力，房地产也能做得非常好，而且很赚钱，但他就是不做。"即使是通信领域的投资，华为也是有取舍的，不是每个领域都投。1997 年，当时杭州市余杭邮电管理局局长徐福新到日本考察时发现 PHS 技术，觉察到巨大的商机。于是，他联合 UT 斯达康的吴鹰在国内推广小灵通业务，并大获成功。对于这种固话的延伸技术，到底属于固话还是移动通信，是有争议的。但在 3G 技术未成熟之前，小灵通业务获得市场的短暂追捧，很快盛极一时。即便如此，华为认为 PHS 技术是落后的技术，是短暂的赚钱机会，因此并未投资，华为要专注在代表未来的领先通信技术上，即便这种坚持带来了非常严重的后果。由于没有赶上小灵通的爆发，华为面临巨大的生存压力，但连续的业绩下滑并未动摇华为的战略。任正非 2014 年在

《喜马拉雅山的水为什么不能流入亚马孙河》一文中写道："不要在一些非战略机会点上计较，否则局部利益会牵制战略竞争力量。战略机会对我们开放的时间是 3 ~ 5 年，大家从现状说说你们有没有可能抢占。"对准主目标的核心思想涉及利益的取舍，关乎战略选择的考量，华为在这一点上做得很好。任正非在 2011 年《力出一孔，要集中优势资源投入主航道，敢于去争取更大的机会与拉开更大的差距》一文中写道："我们公司就是太重视细节了，缺少战略家。我们要打开城墙缺口，我不在乎你是用一发炮弹炸开的还是用六发炮弹炸开的，我要求的是打开城墙，冲进去占领这个城市，那有多少财富呀！我不是说不该降低成本和提升质量，而是要看战略机会点，看哪个更重要，一定要把战略力量集中在关键的突破口上，集中在主航道、主战场上。"

（3）饱和攻击。"饱和攻击"是苏联海军总司令戈尔什科夫元帅，在美苏争霸时期，研究使用反舰导弹打击美国海军航母战斗群时制定的一种战术，即利用水面舰艇、潜艇和作战飞机等携载反舰导弹，采用大密度、连续攻击的突防方式，在短时间内，同时从空中、水面和水下不同方向、不同层次向同一个目标发射超出其抗打击能力的导弹，使敌航母编队的海上防空系统的反导弹抗击能力在短时间内处于无法应付的饱和状态，从而达到提高反舰导弹突防概率和摧毁目标的目的。关于饱和攻击，通常的解释是，在一定的时间内，利用绝对的火力优势，高密度、不间断地发射数倍于敌方的火力以摧毁敌方。"范弗里特弹药量"是朝鲜战争中使用的名词，意指不计成本地投入高于常规量数倍甚至数十倍的庞大弹药量，进行密集轰炸和炮击，对敌方实施强力压制和毁灭性打击，意在迅速高效地歼灭敌方有生力量，使其难以进行有效防御。对于研发投入，任正非有个生动的比喻，"先开一枪，再打一炮，然后范弗里特弹药量"。先开一枪，是指针对不同前沿技术，多维度地展开研究。华为非常鼓励对未来不确定性技术进行探索。当感觉研发有可能会有突破时，华为就"再打一炮"。当觉得有比较大的把握时，华为再进行密集投入，即使用"范弗里特弹药量"。华为对饱和攻击的诠释体现在《华为公司基本法》第二十三条：我们坚持"压强原则"，在成功关键因素和选定的战略成长点上，以超过主要竞争对手的强度配置资源，要么不做，要做就极大地集中人力、物力和财力，实现重点突破。因此，极大地集中公司的所有人力、物力和财力，实现对重点目标的突破，就是饱和攻击。

熟悉华为的人都知道，华为最开始从代理别人的交换机起家，后来花重金投入 C&C08 数字程控交换机的研发，当时公司抱着必胜的决心，不成功便成仁。C&C08 数字程控交换机最后取得成功，重要的原因之一是公司对 C&C08 数字程控交换机的投入采用的是典型的饱和攻击战略。不仅仅是 C&C08 数字程控交换机，华为智能手机中的真正爆款 Mate 7、华为芯片的从无到有、光网络设备、GSM（全球移动通信系统）无线设备等，很多战略性产品和技术都是饱和攻击的结果。饱和攻击并不稀奇，在营销的过程中，其他公司也经常采用类似的打法，前些年的"脑白金"广告，采用的就是饱和攻击，饱和攻击可以使广告更形象、更容易地触达消费者。饱和攻击的效果是显而易见的，这种集中优势兵力打歼灭战的做法，也是以弱胜强的经典打法。饱和攻击，力出一孔，集中优势重点突破不对称竞争，是华为从跟随竞争对手到超越竞争对手的重要手段之一。任正非 2007 年在华为上海研究所的讲话中表示："眼前最重要的不是成本问题，而是能否抓住战略机会的问题。抓住了战略机会，花多少钱都是胜利；抓不住战略机会，不花钱也是死亡。节约是节约不出华为公司的。"

（4）孤注一掷。孤注一掷从来都是勇敢者的专利，孤注一掷的成功更需要智慧。经营企业的风险是巨大的，战略的选择也常常充满风险，真理往往掌握在少数人手里。什么时候该坚持，什么时候该放弃，是每个经营者都必须面对的"生死"抉择。孤注一掷的投入是企业家不畏生死、无怨无悔、敢于担当、不怕非议的战略选择。2000 年，在关于无线电网络架构研发的选择上，华为坚持研发更加先进的 GSM（全球移动通

信系统）技术，这也是当时最主流的技术。当时华为放弃了
PHS系统，PHS系统的终端产品就是小灵通，因为这在当时是
落后的技术。当时，3G通信技术代表未来的发展趋势。作为
2G技术的一个分支，CDMA（码分多址）技术也落伍了，华
为选择了放弃。接连放弃了小灵通和CDMA，让华为连续错失
了中国联通、中国网通和中国电信的订单，而GSM产品又面
临国外厂商的激烈竞争。很快，华为在中国市场陷入困境，即
使在内部也备受争议。无奈，华为只能转战海外。2000年，
华为在深圳五洲宾馆举行了盛大的海外出征仪式。这时候的华
为是悲壮的。根据任正非的回忆："个人精神上非常痛苦，度
日如年。"但即便如此，任正非仍表示，不怕来自外面的压
力，还会坚定地走下去。后来，国际化的巨大成功证明，当初
任正非的孤注一掷是正确的。不仅仅是GSM技术，华为终端
芯片技术的突破也是在不间断地、孤注一掷地投入多年后实现
的。突破之前，华为连续亏损了多年。华为终端芯片的研发可
以追溯到2003年，当时被称为梅里项目，但这个项目最终失
败了，时任海思总裁徐直军鼓励大家继续努力。他说："我们
华为就是'傻傻地投'。"后来，巴龙、麒麟系列相继问世，
包括巴龙720、巴龙750，麒麟920、麒麟930等，直到麒麟
950，华为的终端芯片才算真正达到工艺前沿，大获成功。到
现在，麒麟系列芯片已经可以与世界先进的手机芯片媲美。企

业家在正确判断的前提下，能够坚持投入、不受干扰、孤注一掷，往往能异军突起、取得成功！任正非曾表示，华为没那么伟大，华为的成功也没什么秘密！华为为什么能成功？华为就是最典型的阿甘。阿甘精神就是目标坚定、专注执着、默默奉献、埋头苦干！华为就是阿甘，认准方向，朝着目标，"傻"干、"傻"付出、"傻"投入。华为选择了通信行业，这个行业比较窄，市场规模没那么大，面对的又是世界级的竞争对手，华为没有别的选择，只能聚焦，只能集中资源朝着一个方向前进。这就是华为人的"傻"干！（改编自《华为组织激活》。）

第三，波特曾建议，管理者在实行多元化之前，先做一个三级测试，也就是问自己三个方面的问题：①新行业有吸引力吗？新行业能盈利吗？②企业进入的成本高吗？要付出多少成本？③企业能经营得更好吗？新行业是否能为公司带来新的竞争优势？我们也把这个建议和这三个方面的问题送给读者。

Chapter Seven

第七章

RTMP战略法第四步：制订实施计划

RTMP战略法是一个简洁的、面向实战的战略管理方法，它牢牢抓住了战略管理流程中的关键，不遗漏任何重要的步骤，也不拖泥带水、啰啰唆唆做一堆没用的工作。同时，RTMP战略法也是环环相扣、逐步递进的——只有理清资源，才能确定目标；只有确定目标，才能梳理模式；只有梳理了模式，才能制订具体的实施计划。

计划环节需要完成的任务主要是两大块：一是将组织整体的年度目标，按季度分解到各部门，并确定各部门完成这些目标的核心策略；二是根据各部门的季度目标和核心策略，确定相应的组织架构和财务预算。

事实上，在不少公司，每年年终都会依次召开三个会议。第一个是"战略会"，重点解决资源（R）、目标（T）、模式（M）这三大问题，对上一年度的情况进行检讨，对整体的战略特别是下一年度的情况进行更新与设定。第二个会是"运营会"，重点解决计划（P）中的目标分解及支撑策略问题。第三个会是"预算会"，重点解决计划（P）中的组织架构和财务预算问题。

　　这些会议基本都由公司高管主持、一级部门负责人参加。同时，根据法约尔提到的首创管理原则，为使团队更有积极性，这些会议一般也是自下而上进行的。也就是说，由一级部门负责人先进行汇报，提出各自的目标和策略，再由大家相互讨论，最后由高管拍板。如果部分环节存在较大分歧，这些会议也可能需要召开多轮。

第一节　制订各部门的季度目标与策略

　　在建立目标环节，我们已经将业务定位表达为组织使命，又将组织使命具体化为跨度 30 年左右的远期目标，再参照远期目标设定跨度为 3 年的中期目标，又根据中期目标来设定近期的年度目标。但这个近期目标是组织整体的、年度的，所以我们还需要将其分解到各个一级部门，然后再层层分解，直到每一个岗位。在一个重视执行、重视绩效的组织里，上至 CEO、下至前台，没有一个人是不用背 KPI（关键绩效指标）的。

如何设定部门目标

在具体设定部门目标时，组织应注意以下八个方面。第一，参照平衡计分卡或 KPI 等绩效工具，并遵循 SMART 原则。需要注意的是，组织整体的目标必须被充分分解，并依据部门职能和决策树有所侧重。充分分解，就是指组织整体的每一个目标都要有部门甚至是几个部门同时承担。有所侧重，是指并非大家都直接使用原始的整体目标，而是要根据各部门在价值树中承担的职能进行分解。

所谓价值树，是指 KPI 考核中的"价值树模型"，它已从之前的"单一财务价值树"逐步发展成为"财务与非财务结合的价值树"，实际上是一个强调因果逻辑关系的分析工具，其功能在于可以详尽地反映价值创造的过程及其中的因果逻辑关系。

举个例子，有家电商公司的一个整体目标是"年成交额 1 亿元"，如果根据决策树来分解这个目标，这 1 亿元可以分解为 5.6 万的年日均 UV（独立访客数）×10% 成交转化率×50 元的平均客单价×365 天，那怎么侧重呢？第一，市场部负责推广，那 5.6 万的年日均 UV 应该主要由市场部来背，如果你让它们直接地、大权重地承担 1 亿元指标就违反了 SMART 中的相关性原则，因为市场部很难单方面地控制转化率和客单价；运营部负责运营，这 10% 的成交转化率和 50 元的平均客单价应该主要由它来背。这就是有所侧重，而不是所有部门、所有员工都唯一地、毫无差别地背这 1 亿元的整体目标，那就成"大锅饭"了。

第二，在有所侧重的前提下，整体的或重要的指标可以由多个部门一起承担，这样更有利于结果导向及部门协同。比如，年成交 1 亿元这个全局性的重要指标，市场部除主要承担 UV 指标外，也可以设置一定的权重，这样它会更重视访客的质量及相应的转化，而不是只管拉人、其他不管。支撑部门也是这样。如果不设置一定权重的业务指标，财务等部门对业务的支持力度也会受到影响。但这种全局性的指标并不是必需的，权重也不能太高，否则也会影响员工对本职工作的重视程度。

第三，可以考虑纳入一定权重的价值观。在有的公司，价值观并非停留在口头上，而是落实到绩效考核中。比如，阿里巴巴的价值观权重占到了 50%。也就是说，在阿里巴巴，即便你业务得了满分，如果价值观是零分，考核一样不合格。而且阿里巴巴的价值观得分并不是凭主观随便打，而是需要从低分到高分逐级用案例来证明的。比如，阿里巴巴当时的价值观有六个方面，每个方面是 0 ~ 5 分，要拿满分，你得准备这个季度发生的 30 个真实案例来证明。所以有时并不是你价值观不好，而是事实上并没有发生类似的事件来让你表现。

但我认为价值观的权重不宜过高也不宜过低。如果完全不设，大家做事只论结果而不管过程，组织很难形成正向的文化；但如果权重过高，也在一定程度上分散了大家对业务的关注度，慢慢地就会滋生出一些价值观很好但业绩很差的"小白兔"。下面这个案例讲述了价值观在具体应用时的一些情况。

参考案例

两类较难割舍的员工

下面两类员工是阿里巴巴坚决不会留下的人。一类是只以纯结果为导向，不注重团队和游戏规则、不注重原则的"野狗"型员工。这些人业绩很好，但价值观很差。另一类是文化特别好，特别善于帮助别人，但业绩不行的"小白兔"型员工。

一般来说，"野狗"型员工都很有能力，业绩也很优秀，但有些恃才傲物，公司的规章制度经常被他们视为无物，对公司的价值观也多半不太认同。"小白兔"型员工刚好相反，他们极其认同公司的价值观，而且严格遵守公司的规章制度，对同事团结友爱，对上级尊敬，但唯一不合格的一点就是能力太差，业绩很少能达标。任何企业都存在这两种类型的员工，很多企业都会从中二选一。有的公司会留下"野狗"，淘汰"小白兔"，这些公司都是以业绩为导向，有业绩就是英雄，没业绩就是"狗熊"。在这种价值观的熏陶下，销售人员会不可避免地形成"为了业绩不择手段"的思维方式。这必将成为公司发展的隐患，甚至让公司处于危机四伏的境地。而有的公司会留下"小白兔"，赶走"野狗"，这些公司大多是以规章制度为导向。他们认为"小白兔"是员工中的道德模范，所以会留下他们给其他员工做榜样。这种公司虽然内部很团结，也很有人情味，但业绩一定不会太理想，很可能会在残酷的市场竞争中率先被淘汰，这一点在销售团队中表现得尤为明显。所以，无论是留下"野狗"还是"小白兔"，都不是明智的选择。因此，阿里巴巴在面对这两种员工时会毫不留情地将其淘汰出局。

在阿里巴巴看来，"野狗"型员工只能在顺境中发挥作用，他们无视规则的过程会给其他员工带来极大的负面影响，从而导致团队的协作效率大幅降低。虽然他们的业绩确实优秀，但阿里巴巴靠的是团队作战，单兵能力再强，不服从命令也不行。

相对而言，淘汰"小白兔"型员工多少会让人感到惋惜。因为"小白兔"型员工除了业绩不好，其他方面都表现得非常优秀。但是，公司要发展，自然要靠效率和效益，如果不淘汰这类员工，那么整个团队都不得不花费时间、精力去给他们收拾烂摊子。从这一点上来看，"小白兔"型员工的功与过已经相互抵消了。

之所以要淘汰"小白兔"型员工，还有个原因是他们人缘好、讨人喜欢，具有极强的传染能力。也就是说，一个人不作为，很快就能传染一群人不作为，最后形成"兔子窝"，霸占着岗位、资源和机会。企业如果不加以控制，任其恣意蔓延，就会造成整个管理体系和人力资源工作失控的危险。（改编自《销售铁军》《阿里巴巴管理三板斧》。）

同时，不同阶段的公司的价值观权重也不尽相同。初期的权重可以低一些甚至为零，更加以业务为导向；后期的权重可以适当高一些，从而提高对过程和文化的关注度。但是，组织大到一定程度的时候也要注意价值观的包容性，因为组织可能需要方方面面、形形色色的员工。如果过于苛责，轻则可能影响业务的正常拓展；重则在人才方面形成"近亲繁殖"，也可能是一种弊大于利的正反馈。

比如，在你只有 1000 人的时候，你可以有 100 条价值观，当然你可能要花更多的时间进行招聘和培训；但当你有 10000 人甚至 10 万人的时候，可能连 10 条价值观都嫌多，因为真要身体力行、严格执行这些价值观的话，团队的搭建、稳定、成本等都会非常高。

第四，指标的数量也不宜过多。如果指标过多，会让员工对重点工作难以把握，进而影响当事人对关键事项的重视程度。所以，核心指标一定要突出。

第五，为保证全年的、整体的目标顺利完成，在层层分解的时候，目标应该适当被放大，而不是压着合格线被分解。这样才不会出现一个人或一个部门不合格连累整个部门或整个公司都不合格的情况。有时，组织也可以将放大后的目标设置为100 分的"挑战目标"，而将最基本的目标设置为 60 分的"保底目标"。

第六，先设定部门的全年目标，再将全年目标分解到季度。在时间分布上，一是要考虑业务的特点，包括淡季、旺季；二是要对季度增长幅度进行控制。这些增幅要有相应的策略支撑，也不应起伏太大。因为如果将大部分指标都压在最后一个季度，虽然前三个季度乃至全年的绩效得分都不会太差，但全年实际的业绩可能惨不忍睹。

第七，绩效之所以为绩效，是要拿来应用的。做得好的要奖，做得不好的要罚，奖罚分明，组织才会有战斗力。常见的负面应用包括辞退连续两个季度不合格的员工、年度不合格的双零（零奖金、零加薪）等；正面的应用包括年度优秀 N 倍年终奖等。

在某些公司，优秀与不合格并不只看分值，而是会根据一定的比例强制分布。比如，阿里巴巴强制按"271"分布，每个季度都要强制分出 20% 的优秀员工和 10% 的不合格员工。这种做法也许会在一定程度上影响团队的稳定，但也被认为有利于促进员工素质的不断提高。

第八，绩效不仅是打分和应用，很重要的一点是还要认真进行得分和设定的绩效面谈。这是帮助上下级之间澄清目标与要求、优点与缺点以及探讨改进方法与策略的重要机会。

如何制定部门策略

部门目标的设定并不是写一个空泛的数字，也不仅仅是组织目标的数学分解，而是需要用日常工作和核心策略身体力行的。没有策略支撑的目标，就如同空头支票一样，是靠不住的。

有的人可能对提前规划比较反感，认为计划不如变化快，喜欢做到哪算哪。这样的人也许根本就不会认真地对待目标，更不会系统性地思考策略。我们之所以要求各部门在按季度分解年度目标的同时，详细说明完成这些目标的策略，就是要迫使每个人对自己的工作做出提前规划。有什么样的策略就有什么样的结果。也许靠谱的策略未必一定带来靠谱的结果，但不靠谱的策略一定带来不靠谱的结果。

我们要求每一位员工在填写季度目标的同时，也填入实现这些目标的核心策略——包括日常的工作——来进行一并的判断、讨论与优化。

当然，策略是可以根据最新情况及时调整、优化的。我们希望看到的结果是，每个人都明白自己的目标，以及这些目标的完成情况带来的后果。因此，员工们都在自觉地、不断地思考实现各自岗位目标的策略，不断地执行它、优化它。

第二节　制定团队架构及财务预算

在清楚自己的目标及完成这些目标的核心策略之后，组织就要获取相应的人、财、物资源来执行这些策略。这也是"年终三会"中的"预算会"所要解决的问题。

组织架构的设置原则

在设定组织架构时，我们需要注意以下一些情况。

第一，可根据价值链进行梳理，将价值链上具有相同职能的团队设置为部门，再进行逐级的分解与设置。一级部门的职责应该是非常清晰、没有交叉的。只有少数基层部门，比如销售、客服等，由于员工人数众多，考虑管理宽度，才可能需要设置若干并行的团队。之所以要求职责不交叉，也是避免发生相互推诿的情况。

第二，关于汇报与管理的宽度。任何一个人应该只有一个上级。如果政出多头，当事人可能会无所适从。

下级人数方面取决于很多因素，包括上级的能力、下级的素质、整体层级、工作难度等。现代管理学更倾向不确定一个普遍适用的下级人数。而古典管理学家厄威克曾归纳组织工作的八项原则，其中包括管理幅度原则。他认为主管应该知道自己的管理幅度是有限的，而且最佳的管理幅度一般是 5~6 人。也有人认为，一般而言，基层管理者能有效管理的下属在15~20人较合适，中层管理者能有效管理的下属不超过10人，高层管理者能有效管理的下属不超过7人。而我认为，不论任何层级，管理幅度以 5~10 人为宜。因为少于5人可能没必要设置一个全职的主管，而多于10人在管理特别是策略辅导上又可能有所欠缺。

第三，岗位职责应该非常明确，也不宜过于庞杂。我们可能会潜意识地希望员工能力全面，听说读写、里里外外样样行，这样可以胜任高难度、多职责的工作。但事实上，这种做法并不可取。首先，你将不同职责混在一个岗位里，并不符合分工细化以提升效率的科学管理原则；其次，招聘的难度将大大增加，因为拥有多技能的能力和意愿的员工其实是非常少的，常常会因此耽误时间；最后，费用上也未必经济，一个同时会技能 A 和技能 B 的员工的薪酬，有可能超过招聘两个各负责技能 A 或技能 B 的员工。所以，我们建议将分工细化，员工如有多余的能力也可以发挥在提升本职岗位的工作效率上。

第四，关键岗位的备份或冗余。如果组织的资源并非捉襟见肘，我们建议对于关键的岗位，可以同时招聘两个人。这样做的好处是，正常情况下，两个人可以集思广益，并形成良性的竞争；而万一如果有人突然离职，也不会造成整体工作的中断。岗位越重要，则可以留出越多的冗余。

第五，关于因人设岗。因人设岗是指根据候选人的情况来安排相应的岗位，而非根据岗位的需求来匹配合适的人才。因人设岗肯定不是普遍性的，任何一家公司的绝大部分岗位都应该是因岗招人的。

而是否需要保留因人设岗的机制，取决于对以下三个问题的回答。①所处的行业和组织是否正在快速地发展？②是否认为人才是一种稀缺的资源？③组织是否有实力阶段性地养一些"闲人"？如果这些回答都是肯定的，那有实力的、处于高速发展期的组织，确实可以储备一些人才。一方面以备将来的不时之需，另一方面也可防止竞争对手获取稀缺的人才。而且，如果真的是人才，不管在什么岗位，也都能为组织创造价值。

人力资源的核心事务——招、培、管、退

说起人力资源，很多人会提到六大模块。但在我看来，六

大模块还是比较抽象的。而我认为，在人力资源的实践中，招、培、管、退这四件事非常重要。所谓招，就是招聘，你得招贤纳士，而且不是随便招，要招真正有能力、有想法、有性价比的人才；所谓培，就是培训，新人对很多事特别是对公司文化这块是完全空白的，有些基础的岗位还需要技能的培训；所谓管，就是管理，包括绩效管理、ER（员工关系）等；所谓退，就是辞退，要把不合适的人给清除掉，这个在某种程度上比招聘还重要，进得去、出不来的组织迟早变成一个大染缸，人才进去也会被同化掉。

招聘方面，有八个点要特别注意：①渠道要广。现在线上渠道很多，但线下也不能忽视，特别是一些相关的场景，可以发些启事。但不建议小公司进行校招，因为品牌福利和培训消化等能力大多都跟不上。②简历中有任何一段经历的在岗时间不到一年的，要引起注意，可能是不符合公司要求被辞退的，或者本身就是频繁跳槽者。对于这一点，组织要在新员工入职前对照社保记录一一印证，而不只是口头一说。③应届生如果没有在社会中历练过，那招聘他的老板就要被"历练"。④初试如果合适，就要把职责和目标讲清楚，复试时重点听候选人讲策略（而不是他听你讲）。策略未必要求完全一致，但起码能自圆其说，讲不出实实在在策略的人不能招。⑤对候选人人品和业务上的判断非常重要。人品中很重要的一点，就是进取心：他是来干事业的还是来混饭吃的，在这一点上必须宁缺毋滥，而不是心存侥幸，先用起来看看再说。不合适的员工对组织的消耗会非常大。⑥除了部分岗位可以有提成，薪酬本身也要跟绩效挂钩，而且挂钩的部分越多越好。⑦背调要做到位。⑧招人和辞退员工的职责应放在一个岗位，知道辞退员工难才会把好招聘关。

关于培训，主要侧重点应放在以下两个方面：①公司文化部分，包括愿景、使命、价值观。组织一定会形成自己的文化，你不用正面的文化去占领它，那它只能被消极的文化占领，所以要形式多样、深入人心。②在入职员工都能胜任岗位的前提下，HR 要关注新技能的培训和核心技能的强化，而如果部分岗位（比如销售），不太好招人，招了很多没有经验的人，那么 HR 还需要督促业务部门开展系统性的业务培训，但新的、全局性的技能还是需要由公司组织培训，让员工能与时俱进，而核心技能也需要督促业务部门进行不断地强化。

关于管理，主要是绩效管理，前面已经讲了一些。我建议的绩效周期是季度，因为绩效管理要完成的工作包括目标的设定、目标面谈、评分、结果面谈、应用等，工作量也不少，如果按月度进行则过于频繁；但放到半年或一年又过于漫长，容易耽误事。所以，将绩效周期设定为季度比较合适。此外，绩效的面谈也很重要。在具体面谈的时候，主管和下属一对一进行，HR 也应全程参加。

关于辞退，是个令人不快又难以回避的问题。需要注意的点包括：①如果员工已经没有工作的意愿或必要的态度的话，应该马上辞退，不用再等季度的考核，也就是说，员工工作态度和意愿是一个默认的、最大的前提，如果有问题，面谈一两次仍不见效，应该马上辞退，否则就可能成为害群之马，影响别的员工。最忌讳的就是宽进缓出、钝刀割肉。②在遵守相关法律的前提下，主动辞职和被动辞退应被区别对待，比如发给不同的证明文件（辞职证明或辞退证明，而非统一的离职证明）、公布公司电话并规范其他公司来电背调的流程、今后重新入职的可能性等。③不用挽留任何已提出辞职的员工，可以商量的只是离开岗位的具体时间。④每年预算中，遣散费的预算要做足，因为招聘不是万能的，很多人只能放到岗位上来看结果，结果不好必须辞退。

编制财务预算要注意什么

财务预算和财务管理都是比较专业的工作，我们在这里主要从管理的、战略的视角，谈一下编制财务预算时要注意的事项：①一般而言，人员薪酬的部分，包括人数和层级，一般在设定组织架构的环节中一并讨论、修订，其余预算则侧重于支撑日常工作和运营策略的开支。②具体方法可以在自下而上的基础上，参照上一年度的预算和实际执行情况，从日常工作和核心策略两个角度进行梳理，尽量做到不多不少。③总体上应倡导节俭，把钱花在刀刃上。高管也要注意以身作则，以免上行下效。比如，我在深圳华强实业股份有限公司工作时，作为上市公司的高管出差可以坐公务舱、住宿实报实销，但事实上，我出差从未超过甚至低于私人出行的标准，一直坐经济舱，住 400 元内的酒店，这种必要的节俭也应该成为组织文化的一部分。④可设置两条总体费用的控制线，可以把较高的挑战收入减去目标利润作为"预算红线"，把较低的保底收入减去目标利润作为"预算黄线"，先按预算黄线进行控制，死守预算红线。

　　此外，我也摘录了一份传统生产型企业的财务预算步骤供大家参考。其编制步骤主要是：①根据销售预测，编制销售预算；②根据销售预算确定预计销售量，结合产品期初结存量和预计期末结存量编制生产预算；③根据生产预算预测生产量，在此基础上分别编制直接采购及销售预算、直接人工预算和制造费用预算，然后编制产品生产成本预算；④根据销售预算编制销售及管理费用预算；⑤根据销售预算和生产预算估计需要的固定资产投资，编制资本支出预算；⑥根据执行以上各项预算产生的现金流量，编制现金预算；⑦综合以上各项预算，进行试算平衡，编制预计财务报表。

另外，如何获取资金也是一个重要的、常被提及的问题。虽然这问题并不属于一个标准的战略管理问题，但我还是愿意提一下六种主要的融资途径。它包括：①未分配利润；②股票发行等权益类融资；③贷款等长期债务；④租赁；⑤减少短期债务；⑥出售资产。当然，每种融资手段各有利弊，需要组织因地制宜地做出选择。

Chapter Eight

第八章

如何实施 RTMP 战略法

我们之前介绍了 RTMP 战略法的详细流程和每个步骤中的具体事项，相信大家已经对如何开展战略管理有了一定的了解。但具体在一家公司，比如自己上班的公司或作为战略顾问服务的公司里，怎样去制定战略、实施战略，可能大家心里还没底。我们就在本书的最后一章从整体上串联一下，很多具体的知识点都可以在前面的章节找到，这里不再赘述。

第一节　如何实施战略规划（RTMP 十步咨询法）

实施战略规划的第一步，就是要确定负责战略规划的具体团队成员以及具体的时间。至于地点，大部分是在组织所在地。有时，为了给"年终三会"（战略会、运营会、预算会）创造一种轻松、超脱的氛围，并摆脱一些琐事的干扰，组织也会把会议放到外面特别是景色怡人的地方去开。

第一步：成立战略规划项目小组

在人员组成方面，很多文献都提到需要全员参与。但我认为，让所有员工参与战略规划的所有环节完全没有必要。这是因为：①由于视角与层级不同，全员参与会在丰富想法的同时，带来过多的噪声，不利于战略与策略的提炼；②战略规划需要投入一定的时间，这在员工人数较多的大公司完全不可能，即便小公司，全员参与也可能影响员工的日常工作或休息；③部分环节的讨论可能会影响员工对最终战略的信任度；④战略规划可能涉及较多的商业秘密，全员参与不利于保密。

但是，在制定过程的开始阶段开放一些渠道（比如电子邮箱）让员工提交建议，以及在战略制定完成后的宣讲、落地等阶段，又确实是需要全体员工充分参与的。但这一头一尾的全员参与，并不代表全体员工需要参与整个战略规划的所有环节。

另一个需要考虑的因素是利益相关者。所谓利益相关者，是指任何对组织目标的实现产生影响或受其影响的群体或个体。而员工就属于利益相关者的一种。现代企业已经从单一的股东至上论逐渐转移到利益相关者的视角，单一的、只满足股东利益的企业被认为不能在当今社会获得很好的发展。组织战略要满足尽量多的利益相关者，但显然不太可能同时满足所有利益相关者。

有人认为，对利益相关者进行分析的步骤一般是五个：①确定利益相关者；②确定他们的利益与要求；③估计力量大小；④区分优先次序；⑤与关键群体谈判。

也有人按重要程度对利益相关者进行分类。目前学术界比较认同的是按经济利益的密切程度进行划分，其中："主要社会利益相关者"是指与组织的成功有极其直接的利害关系的，比如股东、债权人、雇员、客户、批发零售商等；"次要社会利益相关者"也会产生很大的影响，但其利害关系是间接的，比如政府、工会、媒体等；"主要非社会利益相关者"的影响力就更弱，比如自然环境等；"次要非社会利益相关者"如动物利益保护组织等。

因此，我们的建议是，除特定的几类人以外，没必要让其他利益相关者全程参与战略规划的所有环节。对于主要社会利益相关者，组织可以事先征求意见及事后妥善沟通；对于次要社会利益相关者，事后妥善沟通即可；对于非社会的利益相关者，不论是主要的还是次要的，原则上仅需被动地响应。

我们认为，一个战略规划项目团队应该由以下三个方面人员构成：①组织全体执行高管，比如公司的 CXO（指首席执行官、首席运营官等各种头衔带 C 的高管），或者总裁、副总裁等。他们作为组织的负责人员，应该全程参与组织的一切重大事务。这里原则上不包括董事长或各位董事，因为董事会作为股东利益的代表并不需要全程参与。②组织内部负责战略的部门的全体成员及外部的战略顾问团队。他们作为战略管理的直接负责人员，应拥有与战略管理有关的专业知识与技能，应该在战略规划中发挥最大的作用。③各一级部门的负责人。他们作为组织承上启下的关键环节，需要向上反映一线的实际情况，向下负责战略的沟通与落地，也应该全程参与。正是这三个方面人员构成了实施战略规划的团队。从必要性上讲，如果没有战略部门或顾问，战略将无法制定；没有组织高管的批准，战略将无法出台；没有一级部门的配合，战略将无法落地。

一般情况下，战略规划项目小组主要由战略管理部门或顾问通过调研、访谈、汇报等工作来进行串联。这种做法的好处在于，如果战略团队或顾问足够专业，那么可以通过个体访谈听到更多在集体会议上参加者碍于情面或时间不足而不能充分表达的想法，这对于战略规划显然大有益处。

另外，多数组织可能并没有常设的、专职的战略管理部门，这时候组织的高管就需要判断，负责战略工作的部门及人员是否具备专业的战略管理技能，如果没有，应当聘请专业的战略顾问，而非草率了事。毕竟，组织战略对组织成败至关重要。即便组织对自身战略很有把握，花费每年投入成千万上亿资源的 1% 来聘请外部战略顾问做个双重确认，也绝对是利多弊少。除了专业，外部战略顾问的另一个好处是，可以提出或负责一些内部团队碍于情面不愿提出或执行的想法和事务，特别在组织变革时期，如果有专业的外部战略顾问团队配合，可能起到事半功倍的效果。

具体而言，组织可以成立一个"年度战略规划项目小组"，组织的最高负责人担任组长，其他执行高管担任副组长，成员包括各一级部门负责人及战略管理部门或外部战略顾问团队的全体成员，同时说明联络人为战略管理部门或外部战略顾问团队的负责人。此外，应公布联络人（即战略管理部门负责人或外部战略顾问团队负责人）的电话与邮箱。当然，此通告也可以通过合适的方式告知所有"主要的社会利益相关者"，包括股东、董事会成员、债权人、员工、客户、合作伙伴等，欢迎他们向联络人反映他们的意见。

一般情况下，每一年都应该进行次年的战略规划。时间上，一般以第 4 季度为宜。因为当年的工作情况到此时大局已定，刚好可以检讨当年、展望来年。很多公司会在 10 月完成识别资源（R）、目标设定（T）和模式梳理（M），这也是"战略会"要完成的内容；11 月，要完成部门季度目标的分解和策略制定，这也是"运营会"要完成的内容；12 月，要完成组织架构和财务预算的制定，这也是"预算会"要完成的内容，并进行全员的战略宣讲。

有时在年中的时候，遇到重大事件突然发生，也需要组织及时进行战略的调整，这时应立即启动专项的战略规划，而不是等到年底错失战机。

第二步：搜集内外部资料

战略规划项目小组成立以后，首先要做的就是搜集资料和进行预研。预研的目的是对组织有个初步的了解，并在此基础上自行提出初步的规划，以便在后续的项目工作中不断验证、优化。预研的对象来自搜集的数据和资料。而要搜集哪些资料，又来自最终需要交付的文档或事项。所以，我们先反过来介绍最终需要交付的资料，再介绍如何搜集资料，最后介绍如何预研。

战略规划项目小组最终需要交付的资料是一份详细的"年度战略规划报告"，一般用 Word 编辑，并以 PDF 格式传递。同时，这份报告上重要的可半公开的内容也会被做成 PPT，用于全员宣讲时配合演示。

至于部门季度目标的分解及架构和预算的设定，它们在战略层面都是具有规划性的。部门目标的季度分解可以用于确认年度目标的合理性及作为制定部门策略的依据，但其最终还是以绩效管理中每季度签订的文档为准。也就是说，为了保证年度目标的实现，部门每个季度的目标都要根据先前的完成情况进行调整，绩效管理最终依据的是每个季度初设定及确认的季度目标，而非上一年终一次性分解的季度目标。两者在第一季度时应该是基本一致的，但之后就要视完成的情况而定，如果前面季度的完成情况不理想，之后的季度目标应高于当初分解的季度目标。站在这个角度，部门的年度目标比季度分解更为重要。

架构与预算的设定也是类似的情况，它们更属于人力资源管理和财务管理的范畴。虽然我们在战略管理中也可能涉及，并且两者的时效性还不如绩效目标那么强，但它们更属于人事和财务的管理范畴。

我们需要明白，管理不只是战略，战略也不是没有边界的，它在一些环节会与绩效管理、财务管理、人事管理等产生交集，并逐步过渡到另一个专业的领域。

最终年度战略规划报告的主要内容包括但不限于：①组织的基本情况；②组织的资源情况（R），包括资源量化分析表，内含组织各资源的相应层次（战略资源、稀缺资源、普通资源）；③组织的目标体系（T），包括业务定位（含量化定位表）与组织使命、远期目标及其分解、三年中期目标、年度目标等；④各业务商业模式及多元化模式（M）；⑤其他需要提示的事项。

至于计划（P）的内容，它属于战略管理而不是战略规划的范畴。RTMP 战略法要求战略管理团队继续跟踪计划的环节，但在实际工作中，更多是辅助、督促相关职能部门人员去完成相应的工作，而未必也很难体现在这份年度战略规划报告中。

显然，与上述规划报告有关的内容，都是我们要搜集的资料范畴。在搜集方式上，我们应该采取公开查找与内部索要相结合的方式。公开查找包括搜索引擎、上市公司的财务与审计报告、行业研究报告等。内部索要方面，对于外部战略顾问，可以先明确一位组织内部具有一定能力和权限的接口人，通过这位接口人去索取资料并安排访谈。可以索取的资料包括组织架构图及联络方式、先前的战略文档、各部门主管的绩效文档、月度经营分析会会议纪要、部门主管工作周报、其他重要的会议纪要或汇报材料等。对于这些资料的保密及其他义务，一般会在顾问聘用合同时一起签订；如果没有，顾问也可主动提出。

第三步：撰写预研报告（1 稿）与访谈提纲

在由外而内充分消化了内、外部资料后，战略规划项目小组应着手撰写预研报告。预研报告的本质，就是正式规划报告的初稿。也就是说，假如不进行之后的任何工作，仅凭手上现有的资料，战略管理部门要能给出一份具有一定质量的规划报告。

与预研报告一并完成的是访谈提纲。访谈提纲的主要内容包括但不限于：①受访人入职时间、负责工作、直接上下级、团队人数；②认为整个公司或组织有哪些资源（包括能力）；③对每项资源的 VRIO 属性进行评分（1~4 分）；④确认 VRIO 都符合的"战略资源"是哪些；⑤是否认同组织应围绕这些战略资源构建战略；⑥认为当前可以把握的外部机会有哪些；⑦这些外部机会与战略资源的匹配程度及竞争状况如何（1~4分）；⑧确认组织最应把握的机会是哪些（前三项）；⑨结合组织最该把握的机会，组织的业务定位应该是什么；⑩应使用怎样的使命陈述来描述这种业务定位；⑪组织的这一使命用 30 年左右的时间，应达到什么样的具体目标（可参考平衡计分卡四维度）以及相应的里程碑是什么；⑫如果用 3 年左右的时间，应该达到什么样的目标；⑬组织的年度目标应该是什么；⑭怎么看待各业务的商业模式（围绕 4P）；⑮怎么看待组织的多元化模式；⑯作为组织的重要成员，对组织的战略管理上还有哪些建议；⑰是否还有需要补充的地方。

上面的内容可能举例较多，访谈者应根据不同的规划项目而明确自身的访谈重点。除了上述内容，在撰写预研报告中碰到的疑问，也可以加入到访谈提纲之中。预研报告及调研提纲完成后，战略管理部门或外部顾问团队应进行充分的集体讨论，有时可以多轮，并根据讨论意见进行修订。

第四步：进行首次访谈

完成预研报告及访谈提纲后，战略规划项目小组应着手开展访谈。访谈是战略规划中的关键方法。它的逻辑并不是让每个访谈对象对某个事项发表看法，然后简单按照意见多寡进行表决。战略规划团队在访谈时，应穿过访谈对象的简单回答，探寻背后的原因和想法，由此获得启发，从而在撰写规划报告时予以充分考虑并做出独立的判断。

访谈对象主要是三类。第一类是组织各一级部门的负责人，他们是承上启下的关键角色，对组织也非常了解。第二类是组织的执行高管，他们是组织的决策者，对组织的战略最有发言权。第三类是主动沟通的"主要社会利益相关者"，他们能通过电话或邮件主动与项目小组进行联系，说明他们希望为战略规划提供意见。如果时间允许，联系人也非匿名，可以通过合适的方式对他们进行访谈。

访谈的顺序应该是自下而上的。如果有主动沟通的利益相关者，可先对他们进行访谈，其次是一级部门负责人，最后是组织高管。这样做的好处是，在进行高一级的访谈之前尽可能多地了解情况，还可以听取较高层的对象对先前观点的看法。

访谈一般采用半开放的方式。所谓半开放式访谈，是指围绕但不局限于提纲而进行的访谈，双方可以顺着话题随时转换或切入。这对访谈的主持者也就是负责实施访谈的战略管理部门或外部战略顾问团队负责人而言，确实提出了更高的要求，但访谈的丰富性和有效性也大大提高。访谈主持者需要掌控整体时间，在话题偏离较多的时候能及时拉回，以便在约定的时间内完成访谈。

访谈者应先对一些基本概念主动进行解释，然后更多地听取访谈对象的观点。需要注意的是，第一轮访谈与第二轮访谈不同的是，如果访谈对象对某些问题没有成熟的想法，不用逼迫或引导对方做出回答，可以暂时跳过，请他们回去思考，然后再做出更好的答复。

首次访谈的时间一般安排在 1~2 小时。可以按 2 小时去安排，但对方日程再忙，也不应少于 1 小时。

访谈地点可以选择在公司内部或附近比较安静又轻松的地方，比如园区的咖啡馆。这样既可以避免访谈被频繁打断，也可以让双方在一种比较融洽的环境中进行。

在预约访谈的时候，负责实施访谈的战略管理部门或外部战略顾问团队应将访谈提纲随附在会议邀请之中，并请求访谈对象尽量能事先准备一份书面的回答要点。这样将使访谈对象的回答更加深思熟虑，而非一时的想法。为保证访谈按时进行，在访谈开始前的 24 小时，可由接口人再次通知访谈对象按时参加并提前准备。

访谈一般按照 1.5∶1 的人员结构进行。1.5 是指访谈主持人加一名助理，由他们对访谈对象进行个别的访谈。此时，应谢绝其余人员（包括接口人）进行旁听（但不必过于坚持），以便双方能充分表达真实的想法。访谈助理主要负责记录，一般不主动发言。访谈主要在主持人与访谈对象之间进行。主持人如果可以，尽量不要停下来自己做记录，以便对话能流畅、自然地进行。

需要注意的是：①如果助理对完整记录没有把握，可先询问对方是否允许录音，同时说明录音只用于本人整理报告，不会提交任何第三方。如果对方比较勉强，则应取消录音，以免影响对象的访谈意愿；如果对方同意，应将录音笔放在收音效果良好又远离视线的地方。②开始后可以先进行一下寒暄，以便大家彼此了解并适当放松。③虽然访谈围绕提纲，但应避免生硬问答，以免访谈变成讯问。④访谈结束后，应表明会在24 小时内整理出访谈纪要，并请求对方对此进行修正、补充、确认。⑤最后，对访谈对象表示衷心感谢，并希望对方在第二次也是最后一次访谈时继续指教（第二次访谈的时间会减少一半）。

关于访谈的技巧，除了我上面说的这些，大家还可以参考下面的案例。麦肯锡作为全球知名的咨询公司，对访谈这一调研方法有着独到的见解。我们也特意从大量的文献中挑选出这本由麦肯锡前员工亲自撰写的著作而进行改编，目的是带给大家直接的、一手的资讯，从而更好地理解我们的"十步咨询法"。

参考案例

麦肯锡对访谈的 6 个建议

麦肯锡的每个项目里，都会有人需要进行访谈。访谈是麦肯锡咨询顾问填补知识上的空白、获得客户经验和知识的有效方法。通过阅读期刊文章、书籍和学术论文，你可以学到很多东西，但要了解公司的实际情况，还是要从一线员工那里寻找答案。访谈本身是一种技能，但大多数人都不知道如何进行访谈。

1. 有备而来：准备一份访谈提纲

当你去做访谈时，一定要有所准备。因为可能你只有 30 分钟的时间去采访一位你再也不会遇到的被访者。因此，想好自己要问的问题。

每次我请麦肯锡校友对于访谈给出最好的建议时，他们都会说："写一份访谈提纲。"许多人讨厌被采访，至少他们舍不得让你占用他们的时间。访谈提纲堪称是成功从被访者那里获得需要的信息并使大家的时间都得到充分利用的最佳工具。

在构建一份访谈提纲时，你必须考虑两个层面的问题。首先，你需要明确知道所问的问题是什么，并且按任意顺序将它们记录下来。其次，也更重要的是，从这次访谈中，你真正需要获得的是什么？你试图达到的目的是什么？为什么要采访某人？定义访谈有助于你将问题按顺序排好，并对其进行正确的表述。

提前了解被访问者也是大有好处的。他是个爱挑刺的CEO吗？假如你问及敏感问题，他会大发雷霆吗？或者，他是不是一个中层经理，曾经请求公司进行变革但没有被理睬？对于同样了解公司情况的两个对象，你要采取不同的方法进行访谈。

在麦肯锡，我们是这样受训导的：一般来说，访谈要从一般性的问题问起，然后再进行具体问题的提问。不要一头扎进敏感领域，例如"你的职责是什么"或者"你在这家公司工作了多久"。你要先问一些平和的问题，如行业概况之类的。这将有助于被访者进入访谈状态，建立你们之间的和谐关系。

在确定访谈问题时，你可能想加入一些你知道答案的问题。这听上去有悖常理，但却十分必要。因为对事实而言，设置"圈套"可以使你对被访者的诚实或知识有个大致的了解；而对于复杂的问题，你可能会自以为"知道"答案，但答案可能并不唯一，你应该找到尽可能多的答案。

一旦你完成了访谈提纲，检查一下，问问自己："在访谈结束时，我最想知道的 3 件事是什么？"这 3 件事就是你走进被访者办公室时要关注的，在你离开办公室之前，应竭尽全力找到答案。有时你可能会得不到答案，而有时答案会出现得易如反掌。

最后，每个访谈提纲都应该以我所说的麦肯锡原型问题（Prototypical Mckinsey Question）结尾。问完所有问题，或者剩下的时间不多时，把你的访谈提纲收好，然后问被访者是不是还有什么想告诉你的，或者问他是不是忽略了一些问题。多半情况下，被访者会告诉你"没有了"，但偶尔你也会有意想不到的收获。要记住，被访者很有可能比你更了解他们的公司、他们的业务单元、他们的部门。他们还可能知道哪些事情逃过了高级经理的眼睛，某个人正在推进哪个计划，如果你幸运的话，他们也会告诉你事情的根源所在。

2. 访谈中要注意倾听和引导

当你请教某人，向人家提问，等待回答时，大多数人是很乐意回答的，尤其是当他知道你对他们讲的事情很感兴趣时。为使访谈内容不偏离主题，你在必要时打断被访问者。

麦肯锡咨询顾问在访谈技术方面接受了大量的培训。我们学到的第一件事就是"让被访者知道你一直在倾听"。在谈话间隙我们会使用一些口语，比如"是的"或者"明白了"甚至是"嗯"。"嗯"并无实际意义，但却表示你在倾听，也给被访者一个组织思想和喘气的机会。我们也学会了用肢体语言表达我们的兴趣。在被访者讲话时，我们微微向他们倾斜。每讲完一句话，我们都会点头示意理解，还会做些记录。即使在被访者喋喋不休时，我们也会掏出笔和纸做记录。就像"麦肯锡咕哝"一样，做记录表示我们一直在倾听，并为被访者讲到重要内容做好准备。

麦肯锡的咨询顾问进行访谈，是因为他们想了解别人的信息、经验和故事。咨询顾问不是去侃侃而谈的，而是去洗耳恭听的。但咨询顾问也需要保证访谈内容没有偏离主题。

最后一个小技巧是：如果你想让别人说得更多，如果你认为他们遗漏了一些你还不能确定内容的重要信息，什么也不要说，沉默一会儿。自然界害怕真空，大多数人也害怕沉默。很有可能他们会继续侃侃而谈，填补这段空白。如果他们对你说的都是打好草稿的，现在他们可能就要脱稿了，因为有一件事他们没有准备，那就是沉默。试试用这个方法看看效果，它超乎想象得有效。

3. 访谈成功的七个小策略

在进行访谈时，要讲求策略。要在有限的时间里达到目的，以下几个屡试不爽的策略可以帮你在访谈中顺利达成目标。

（1）让被访问者的上司安排会面。你可以通过被访者的上司告诉被访者这次访谈的重要性。如果被访者知道上司希望自己接受你的访谈，他就不太可能去误导和敷衍你了。

（2）两人一组进行访谈。自己展开一次有效的访谈并不是件容易的事。你可能忙于记录而在提问中出错。或许会忽略被访者给出的一些非语言的线索。有时候，两个人联手是最好的方式，可以在谈论时轮流提问和记笔记。当其中一名采访者对访谈内容的某几个问题具备专业知识的时候，这种方法尤其有效。而且，在访谈发生情况时，有两种不同的观点也很重要。保证不管谁做访谈记录，都要保持与另一位采访者步调一致。

（3）倾听，不要引导。在大多数访谈中，你都不是为问题寻找是或否的答案。你需要开放性的详尽答案——尽可能多的信息。获取详尽答案最好的方法就是倾听。少说多听，保证访谈内容没有偏离主题就行了。要记住被访者对自己行业的了解很可能比你要多，他向你提供的大多数信息都会以这样或那样的方式起作用。还有一个让信息流动起来的技巧，那就是问一个开放式问题。通过开放式问题，你能得到更好的答案。

（4）复述、复述、复述。在外出访谈前，麦肯锡都会培训它的咨询顾问用不同的形式复述被访者的答案。这一点再重要不过了。大多数人都不能完全有条理地思考或者说话。他们东拉西扯、跑题、把一些重要的事实掺杂在无关的事情中。假如你复述了他们的话，他们才会告诉你，你的理解是否正确。同时，复述也给了被访者补充信息和强调重点的机会。

（5）善用旁敲侧击法。要时刻关注被访者的感觉，要了解被访者是否感觉自己受到了威胁。不要单刀直入地问刁钻的问题，如果能在几个重要问题上绕几分钟弯子，会取得不错的效果。要多花时间让被访者对你的访谈过程感到舒服。

（6）切勿问得太多。不要去问被访者知道的每一件事，主要有以下两个原因。首先，你可能已经掌握了重要的信息。当你构建访谈提纲时，把自己的访谈目标压缩到了两三个重要问题上。其次，如果继续问被访者有关行业的全部知识，你会发现自己要在大量信息中寻找真正需要的信息，而这些信息其实你已经掌握了。

（7）采用"哥伦波策略"。如果你需要知道某个问题的答案，或者需要知道某个数据，"哥伦波策略"往往是个好办法。访谈结束时，每个人都会变得松懈。对于被访者，那种你给予他压力的感觉消失了，对你的防备也减少了，他就会告知你需要的或正在寻找的信息。

你或许还想试试"超级哥伦波"策略。不是在门口就回头，而是等一两天后，再次造访被访者。你只是路过，忽然想起自己忘了问某个问题。这同样会使你看起来不那么有进攻性，从而使你更容易获得需要的信息。

4. 尊重被访者的感受

要记住，对很多人来说，在关于自己的工作或公司的问题上，被采访是件让人紧张不安的事。你有责任对他们的恐惧保持敏感。这样做不仅合理，也会锻炼你的商业触觉。

但作为一名采访者，你是要调查商业问题的，并且带着权力和权威。你的职权可能不在 CEO 或高层经理之上，但却在其他很多人之上。相信你有一种职业责任，要尊重别人的焦虑，去消除这种焦虑，而不是利用。

尊重别人的焦虑意味着不要让他们在访谈结束时觉得没面子，好像他受了一次军事审判。记住在访谈中你寻找的只是两三件事的答案，不需要把被访者榨干。同时，提问时要慎重，切记不要问在商业范围内也许合适但可能深深触及被访者隐私的个人问题。

减轻被访者的焦虑意味着向他们证明访谈过程将如何惠及他们自身——这不仅仅是一次访谈过程，还是解决公司问题的过程。假如你让他们的工作更有效率，就会惠及他。同样，假如你提高了雇主的利润率，这也可能对他有利。别害怕做交换，被访者为你提供了信息；如果你有信息的话，也可以与他分享。大多数人都希望自己知道公司更多的事。

不利用被访者的恐惧意味着要抵制那种把访谈的权力当成武器的诱惑。大部分时间里，被访者都是愿意帮忙的，但你没必要把权威当成徽章一样炫耀。假如这样做了，你会发现，被访者就像警匪片中的歹徒一样缄默不语。如果你真的遇到了阻碍或敌意，你可以将自己的权威带到访谈中，但要在阻碍和敌意结束后将其束之高阁，因为伴随权力而来的往往是必须睿智地加以运用的责任。

5. 妥善处理棘手的访谈

访谈进行多了，总会遇到困难。只要你知道如何处理，有一些困难是很容易解决的。其他棘手的访谈就要看你的精神和实力了。

麦肯锡的咨询顾问通常都有客户最高管理层的支持，因此经得住任何人的挑战。当被访者拒绝向你提供信息时，会出现虽然敌意较少，但同样棘手的情况。他们不会回答你的问题，或让你去寻找相关的文件和数据。这种情况一旦发生，就该拿出姿态了。你之所以去那儿采访，是奉了公司中某些人的命令。要让他们知道，如果他们依然拒绝合作，你就要采取强硬手段了，必要的话，当即打电话通知他们的上司。你没必要一定这么做，这仅是开启信息闸门的策略。

在采访时你也许会遇到心理学家所谓的"消极型激进派"，我们喜欢叫他们"沙袋"。"沙袋"会告诉你已经知晓的事情，但不会告诉你任何实质性的内容。遇到"沙袋"就要用间接法。最有效的策略是找到公司中的其他人，让他告诉你想知道的事情。如果只有"沙袋"知道这些信息，就要请他的上司和他说说了。

在棘手的访谈中遇到的最后一类人也是最难对付的。没有哪种情况比这压力更大了，你和被访者面面相觑，他知道你的工作很可能让他丢掉饭碗，你也深知这一点。不幸的是，在这种情形下，除了扮演"好战士"的角色外你无能为力。你必须完成工作，并让被访者帮助你。一切都是从全局出发，尽管有些不公平，但没有其他办法，你只能让自己平心静气地工作。从来没有人说过生活是公平的。

6. 一定要写感谢信

当你访谈完毕，回到办公室时，花点时间写封感谢信。这样做很有礼貌也很职业，也可能会有意想不到的收获。

在占用了别人半个钟头或者更多的时间做访谈并从中得到信息后，你应该花点时间以书面的形式向对方表示感谢。这表示你和他一样珍惜被访者的时间。这也是职业的表现。在公司的信纸上写上精美的词句，将给客户留下好印象。

并不是说你写的每一封感谢信都必须是完美无瑕、构思巧妙的散文，至少要保证它读起来不像是一封电脑生成的信函。我在硬盘上保存了一份基本的感谢信模板，当需要写感谢信的时候，我就对它进行修改。确实要花几分钟，但这是值得的。
有时候，一点点礼貌就能建立长期的交往。（改编自《麦肯锡
方法》。）

第五步：撰写规划报告（2稿）

访谈结束后，访谈主持人和助理应在 24 小时内完成纪要
整理，及时发给对方修正、补充，并连同访谈对象自己准备的
书面要点（如有）一并保存备查。

之后，战略规划项目小组就要在预研报告的基础上起草正
式的规划报告。尽管之后还有第二次访谈和其他一些环节，但
事实上，在想法的新鲜度和访谈的意愿等方面，第二次访谈比
第一次访谈将大幅降低。所以，这一版的报告非常重要。

但之所以仍保留第二次访谈，是因为规划报告在正式发布
前还需要经过战略规划项目小组成员的各自确认。虽然我们并
不要求规划报告的出台必须经过所有人的同意，但战略规划团
队也需要了解有哪些反对的意见，并对不采纳的意见准备令人
信服的理由。

规划报告也是围绕之前讲到的内容。其中适当穿插访谈中
的一些观点，以及支持或反对的理由。完成后的报告应经过战
略管理部门或外部战略顾问团队的充分讨论，并最终通过。

第六步：进行第二次访谈

第二次访谈的核心目的，是征求访谈对象对规划报告（初稿）的意见。其对象不仅包括各一级部门负责人和组织高管，也应包括主要社会利益相关者或其代表。因为这是规划报告在正式发布前唯一一次咨询。

规划报告的初稿不应该发送给各访谈对象，而应该通过口头的方式，对报告的要点进行逐一确认。在进行第二次访谈时，访谈主持人尽量引述访谈对象在首次访谈中的观点。对于模棱两可的回答，访谈主持人也可以进行引导，以便得出明确的结论。需要注意的是，对于主要社会利益相关者，一是很多群体只需要选择个别代表进行访谈，而非对群体所有成员进行访谈；二是考虑到层级及保密等因素，对于不同的访谈对象，访谈的内容也应有所选择和侧重，而非和盘托出。

第二次访谈的时间一般为 30 分钟至 1 小时。访谈结束后，在表示感谢之余，访谈主持人也可欢迎对方补充更多的想法。

第七步：修改规划报告（3 稿）

第二次访谈相当于规划报告的半公开咨询，咨询结束后，应综合各方的意见，对规划报告进行一次全面的修改。当有不同意见时，并不是采取简单的下级服从上级，而应针对背后的原因作认真分析，采纳对组织最佳的方案。对于战略规划过程中所有反对或并未采纳的意见，战略规划团队也可在报告或内部文档中列出，并说明理由。

第二次访谈后修改的规划报告，可以算是报告的第三稿（第一稿为预研报告，第二稿为首次访谈后的规划报告）。正常情况下，报告不会再有特别大的改动。报告完成后，战略规划团队可同步制作用于全员宣讲的PPT。

PPT的主体是规划报告的要点。但在开头，战略规划团队可以简要回顾一下战略规划项目的过程，并对相关人员表示感谢。需要注意的是，PPT作为配合演示的工具，并不能也不该代替演示者口头表达的内容，因此，不该将报告正文大段地复制并粘贴到PPT上。PPT宜用醒目文字和图表概要地反映规划报告的重要内容，以便给人留下深刻印象。此外，考虑到全员宣讲时难免有人摄录或外传，过于秘密的内容也不宜写到PPT上。

第八步：向组长汇报

规划报告正式发布前，相关人员应向战略规划项目小组的组长，也就是向组织的最高负责人进行个别汇报。规划报告可用之后应以全员宣讲的PPT为主来进行宣讲，并在宣讲开始或结束后向组长提交纸质报告。

对于组长的意见，相关人员应认真记录，遵照修改，直至组长完全同意为止。

关于演示汇报的一些技巧，大家可以参考下面的案例，里面有不少中肯也实用的建议。

参考案例

麦肯锡对演示汇报的 4 个建议

麦肯锡主要是通过汇报来与客户交流的。汇报有正式的，在会议室进行的圆桌会议，用的是精美的蓝皮书；也有非正式的，几个客户经理和麦肯锡的咨询顾问开的小会，用的是钉在白板上的几幅图表。麦肯锡用这种方式交流取得了不错的效果。

（1）把汇报系统化。要想你的汇报成功，必须要把听众带到清晰的逻辑中来，有条不紊地听你分析。

一份汇报可以反映出个人或项目组创造的全部思想。如果一份汇报做得粗枝大叶、逻辑混乱，不论事实是不是这样，听众都会认为你的思想是粗枝大叶、逻辑混乱的。因此，无论你的思考过程运用了何种结构，都要把它表现出来。如果使用的是麦肯锡的结构（比如金字塔），就要把它运用到自己的汇报中；如果采用了其他公司的原则，就得保证你的汇报反映了你的思考过程——当然，前提是你的思考是有条理、有逻辑的。

通常，如果你惯用一种循序渐进的结构，你会希望听众能跟上你的步伐。然而听众中通常会有人对这个缺乏耐心。一位麦肯锡的项目经理遇到了类似的问题：每次把汇报交给客户的高级经理时，他都会从头翻到尾，然而在剩下的会议中，他却沉默了。但是，这位项目经理找到了解决方案，在团队最后的那次汇报中，他给这位经理一本蓝皮书，所有的页都订在一起了，无法再翻了。

（2）过分努力引发的边际收益递减。要抵制住直到最后一分钟还在修改汇报的诱惑。衡量一下这个改变与你和你的团队睡个好觉的价值孰轻孰重。不要让最佳方案成为优秀方案的敌人。

麦肯锡人有一系列共同的经历：项目培训、访谈、熬夜等。每一位麦肯锡顾问也都有过最平常也最没必要的经历，那就是在4:00加班，在复印室里等着把汇报的小册子印好，准备在明天（其实已经是今天了）的大型项目汇报会中使用。我曾在一个早晨花了两个小时把装订好的蓝皮书中的一张表替换成一张新表，只因出现了打印错误。另外一名顾问和他的项目经理也曾花了一个晚上用剪刀和胶水把新数据剪下来，贴到表格里。

很多商业人士和公司只接受完美无瑕。很多情况下，这是值得称赞的。确实没有人愿意乘坐一架引擎的固定螺丝安装得马马虎虎的飞机，然而，在准备汇报的时候，即使面对的是最强公司里最难对付的 CEO，也不要让"最好"（或完美）成为优秀的敌人。某种程度上，在做汇报之前，吹毛求疵的改变不会有什么价值了。你要学会在会议开始之前掌握好质变的突破点。

不妨这样来思考：你的团队在汇报开始之前睡个好觉和最后的文件中有一处打印错误，哪个更重要呢？不论多长的文件、不论你修改得多么认真，几乎都会有打印错误。在个别情况下，打印错误必须纠正，但这只是极个别的情况。而为了参加汇报，你还是要充分休息，不要狼狈不堪，做汇报本身已经是一件让人紧张的事了。

对修改要有加以限制的原则。假如你的汇报是最后一部分，就得训练自己，告诉自己和你的团队希望文件已经打印、复印好，装订或者做成幻灯片，不论你需要什么，至少要在汇报开始 24 小时之前完成。把时间花在这些事上，或者对汇报进行彩排，讨论可能产生的问题；或者在办公室轻轻松松地过一天。

正如麦肯锡项目经理都可能碰到的，你组织了一次汇报，但某个职位比你高的人要对文件有个总结发言，那你就要坚定地告诉你的上司，文件要在 24 小时之前完成。一些高级经理在最后一刻还要进行干预，你必须要阻止他们。

（3）未雨绸缪，事先沟通。一次好的商业汇报应该在内容上让听众感觉不陌生。把客户相关人员召集在一起开会前，你要保证他们看过你的文件。

假设你的汇报会刚刚开始。之前为防信息泄露，你的汇报是保密的。你和你的团队、那些迫不及待想听到建议的公司高管、你的上司、上司的上司、公司所有业务单元的领导都在这里，CEO坐在上位，等待你的发言。你开始汇报了："女士们、先生们，经过几周的周密研究，我们项目组得出结论，未来两年，公司需要在装饰品生产上增加75%的投资。"当你讲到支持你分析的第一张图时，听众当中有人开始小声嘀咕；配件部主管也被激怒了，他说我们公司的未来要靠配件；CFO也抗议说公司没有那么多资金；分公司的总经理也急忙开始辩解。于是你不再是众人的焦点，你的汇报变成了一场吵架比赛。因为很明显，不是每个人都喜欢出人意料。

为了不让这种灾难性的一幕发生，麦肯锡的咨询顾问很重视"未雨绸缪"，在进行汇报或者进行回顾之前，项目组都会先召集客户公司的相关方进行私下交流。这样的话，预想不到的事就会很少发生了。一位前麦肯锡项目经理说："我们很少在做汇报之前不让各方预先知晓我们的汇报，否则太冒险了，实际上，最后的汇报已经变成了艺术表演。"

在做事前准备时，一定要记住做一名成功的咨询顾问或者企业诊断家的关键是：不仅要给出正确的答案，还要把这个答案推介给客户。有时候，这需要销售技巧；某些情况下，这还需要妥协。

假设你走进配件部主管的办公室，告诉他你认为答案是以削减配件为代价在装饰品上进行更多的投资，他很可能不高兴，但是因为你和他在办公室是单独交流的，他就很有可能会逐步接受你的分析。交流结束后，配件部主管可能已经被你说服了，或者提到一些你不知道的事实希望能改变你的建议，又或者拒绝接受你的建议而不做任何改变。如果是最后一种情况，你就得去协调，如果只是很小的妥协，不妨做出让步然后继续；假如要求过多，你就要想出一个可以绕开他的办法了；如果你被他请出办公室，那你就要想想公司中有谁的权力跟他一样大。

回到开始的那一幕。这次，你已经和与会高层经理都沟通过了，包括那个固执的配件部主管。当你翻动第一张幻灯片时，配件部主管说"我听过这个，这是一派胡言，我们要增加配件的生产"；CFO 睁大了眼睛，但一句话也没说，你已经告诉他怎么去筹措资金了；装饰部主管确信他会是今晚的胜者，只是往 CEO 的方向看了看；CEO 坐在椅子上向后倾斜，双手交叉，告诉配件部主管，"好了，鲍勃，我们现在在同一条船上，听完这个汇报吧，然后再讨论"。这时，你已经知道讨论的结局会怎样了。这不比那个出人意料的结果好得多吗？

（4）贵在简洁。图表越复杂，传递信息的效果就越差。把图表当作传递信息的方式，不要把它当作一种艺术品。

为了坚持媒介不能压过信息，以及不影响听众对信息的理解，麦肯锡的图表有3个特征：①之前只用黑白两色，随着时代和技术的进步，现在顾问们的PPT上的图表也有颜色了，但依然坚持简明的宝贵原则；②除非确有必要，基本不采用三维制图；③坚持一图明一事。

如果图表中的信息十分复杂，表达了多重观点，麦肯锡也会选择挑出其中一点来制图，并通过图表的标题来进行强化。一个好的标题就是用一句简单的话来表达图表中的观点。

图表中突出的信息可能会用不同的底纹、扇形图或者箭头来突出强调。另外，麦肯锡很喜欢用瀑布图，而其他公司很少看到。瀑布图是阐述如何从数字A得到数字B的极佳方式，你可以用瀑布图描述静态数据（负债表、利润表）或动态数据（现金流、时序数据），也可以加正负项目合并或分开描述。不论什么数据，瀑布图都是一种清晰、简明的方式传递信息的通用方法。同时，在每张图的左下角，你会看到一个资料来源。麦肯锡的图表一般都有这项，这样你就可以告知信息的出处，也便于未来回顾数据时进行查找。

需要注意的是，太多的图表也会让听众生厌，所以尽可能简明阐述你的观点，否则你会发现在讲到最后那十几页时听众根本听不进去。(改编自《麦肯锡方法》。)

第九步：向战略规划项目小组汇报

组长通过后，多数组织还会召开战略会，召集相关高管再次确认。相关高管具体包括各位副组长、一级部门负责人和战略管理部门成员。他们虽已进行过两轮访谈，但对规划报告的观点和全貌并不完全了解。汇报也可使用 PPT 进行，并发放纸质报告备查。

对于战略会上各方的意见，相关人员也应认真记录，并按组长的意见进行修改以及最终定稿。

第十步：规划报告的全员宣讲

多数公司在战略规划报告定稿后会组织全体员工进行宣讲，也有一些公司会留待运营会或预算会开完之后再进行宣讲。而对于上市公司，由于涉及信息披露，在全员宣讲方面更为慎重，更多改为由各单位负责人或相关职能部门逐级传达与落实。

整个战略规划过程如图 8 – 1 所示。

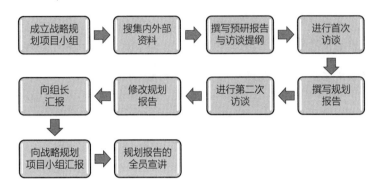

图 8-1　战略规划过程

　　我在撰写上述 RTMP 具体这 10 个步骤的时候，并没有阅读或参考其他任何文献，而是把自己在多年战略管理工作中的实战经验梳理、提炼了出来，写成"RTMP 十步咨询法"。而在后续加入国际知名咨询公司案例的时候，我惊喜地发现，麦肯锡的"五步咨询法"与我们的"十步咨询法"在理念和过程上是基本一致的，都是以预研（假设）与访谈（验证）之间的多轮迭代为基础，以面向客户的最终演示（交付）为结果的一个过程，可谓异曲同工。但需要注意的是，麦肯锡作为全球最大的咨询公司，其业务范围、拥有资源和服务收费等，与很多组织内部的战略管理部门或小型的管理咨询公司也完全不同，我们可以去领会、借鉴它的一些理念和方法，但在自身运用中，还是要面向实际、扬长避短。下面是我们综合改编的麦肯锡的五步咨询法，希望这能帮助你更好地理解实战中的咨询过程及我们前面介绍的"RTMP 十步咨询法"。

参考案例

麦肯锡的五步咨询法

面对大多数战略项目，麦肯锡通常会派遣一支 3~5 人组成的咨询师小组，用 8~10 周的时间完成。在团队构成上，这 3~5 人的团队由一个核心的项目组长 EM（Engagement Manager）负责带领 2~3 名组员，同时会有 1 名合伙人级别的咨询师指导，把控项目方向和进展，并引领与客户高层互动。在大多数情况下，团队成员对项目涉及的具体业务并无可复制的专业经验，如果有需要，公司会指派内部或外部专家为项目做专业知识上的支持。

麦肯锡五步法从项目管理的角度，串起战略项目从开始到交付的 5 个关键步骤：定义问题、结构化分析、提出假设、验证假设和交付。

在一个 8~10 周的战略项目中，第 1 周小组成员的核心工作内容就是麦肯锡五步法的前两步（定义问题、结构化分析），团队会根据分析结果生成对本次战略项目的"第一天的答案和第一周的答案"（这也是提出初步假设的步骤）。在项目剩余的大部分时间（第 2~7 周或第 9 周）内，团队主要完成提出假设和验证假设，以及提出新假设和验证新假设的循环。如果一切顺利，团队会在项目的最后一周（第 8 周或第 10 周）进行最后成果展示的准备和项目的最终交付。

第一步：定义问题

在日常工作中，面对棘手的问题时，人们常处于一种亢奋的"救火状态"，惯性地急于着手解决眼前的问题。而定义问题这个步骤，甚至连同后续的分析和验证的步骤等，都通常因"没时间"而被忽略，直接进入交付或解决的步骤。很多人错误地认为定义问题简单而直接，不值得投入过多的精力。然而，定义问题对从根本上解决问题具有重大的指导意义。定义问题出现偏差将直接导致其他步骤出现偏差，最终答非所问或解决了错误的问题。

专家思维与战略思维在"定义问题"上有区别。战略思维从全局高度把握问题的准确性，重点在于"为什么——解决什么问题"，并不聚焦"怎么做——实施的细节"。专家思维则往往把"为什么——解决什么问题"当成已知，而侧重"怎么做——实施的细节"以及成果输出，比如"用什么方法且以什么速度和价格，在限定时间内敲钉子"。因此，在项目初期，战略思维更注重需求端的逻辑，而专家思维十分注重过往经验、专业和最佳解决方案。

如何衡量是否"定义了正确的问题"？最直接的衡量标准就是，当这个正确的问题被解决后，其他的相关问题也会得到完全解决而没有后遗症。定义了正确的问题后，着手解决这个问题时就会发现问题表象发生了根本性的改变，被影响的人会在深层行为上发生变化，从而使问题完全得到解决，而不是"拆了东墙补西墙"的暂时缓解。

完成了定义问题及战略方向性的相关拷问并得到上级或需求方认可后，还要仔细思考"定义问题"的六个方面，也就是问题背景、成功标准、问题边界、限制条件、重要相关人和可调配资源这六大方面的细节，更好地为解决问题做充分准备。

第二步：结构化分析

在完成第一步"定义问题"之后，紧接着是对确认好的问题进行结构化分析。维度和切分是结构化战略思维的核心概念。

"切"是结构化拆分的通俗叫法，是结构化战略思维的基本功。结构化拆分是指自上而下分析问题时，把问题逐层分解成更细节的部分，每次拆分都要遵循"MECE"原则。MECE是由英文"Mutually Exclusive"和"Collectively Exhaustive"的首字母组成，要求结构化切分后要"子分类相互独立无重叠"且"子分类加起来穷尽全部可能"。结构化拆分的最终呈现形式往往是树状的逻辑结构。

"切"问题分为 4 种主要的方法：子目录列举法、公式法、流程法和逻辑框架法。这四种方法在应用上各有千秋，在实际运用中没有唯一正确的切法，可以叠加使用。

第三步：提出假设

从功能上看，结构化分析过程要提供问题解决的基本逻辑框架，而提出假设旨在生成相关方案，为后面验证假设做验证的标靶。"结构化分析"和"提出假设"往往同时发生，因为提出假设是建立在结构化分析的基础之上的。结构化分析和提出假设在沟通方向上侧重不同。结构化分析侧重于外部沟通，主要用来确认方向性思路，如"团队将用什么方法或思路框架来解决问题"。而提出假设环节产出的一系列假设，主要用于团队内部讨论和协作的"半成品"，为第四步验证假设的实地调研做充分准备。

在结构化分析明确逻辑框架之后，假设清单的功能主要是作为后续实地调研时团队统一的验证名录，又被称为"访谈提纲的主要内容"。它要求团队在项目初期还没有进行实地调研和缺少必要专业知识输入的大背景下，用假设的方式来准备可能的方案选项。这套方法对于结构化战略思维的初学者来说无疑具有挑战性，因为此时凭空提出假设很有"拍脑袋"之嫌，与习惯性先夯实基础才能发表意见的、厚积薄发的、自下而上的做事习惯截然相反。

值得强调的是，提出假设是问题解决中最具创造性的过程，一般提出的假设只用于内部讨论，杜绝向外透露。因为在这个阶段生成的假设是没有经过实地调研证实的初期想法。而为了激发盒外思维和创造性，本阶段鼓励不拘一格地提出想法，产生的假设必然会有浓重的"拍脑袋"之嫌。过早地向外透露会被认为不专业，最终要输出的是大胆假设后、仔细验证过的真知灼见。

头脑风暴是提出假设的关键举措，也是战略咨询公司常用的解题工具之一。它采用一种非正式的讨论方式生成关键思路或观点。头脑风暴既可以应用于针对问题的整体，也可以应用于聚焦细节层面的主题。头脑风暴与一般业务研讨有明显的区别。在心态上，它要求团队成员以放松的心态参与讨论，不要努力显示自己的聪明或高明。在讨论中，任何观点都是平等的，没有哪个观点是"愚蠢的"。在平等的基础上，参加头脑风暴的成员自由畅谈，对事不对人地坦诚反馈，用积极的态度面对每个意见。在内容上，头脑风暴并不把"专业性"放在首位，甚至鼓励基于直觉的发散思考，但在发散中锲而不舍地寻求隐藏的结构。

提出假设的过程是否需要懂这个问题的专家来参加呢？答案是一个坚决的"不"。提出假设的过程，尤其是最初期的头脑风暴活动，即使专家招之即来，也不能过早地让专家参与到讨论中。这是因为提出假设是自上而下思维方式的体现，它与以经验为导向的自下而上的思维方式截然不同，如果没有足够的经验来平衡，就会产生激烈的冲突。

第四步：验证假设

验证假设是通过严谨的科学方法验证先前提出的假设是否正确。在麦肯锡五步法中，提出假设和验证假设之间是反复并逐渐深入的循环。

验证假设需要收集的信息量很大。为信息收集而做的验证假设调研工作分为两种：案头调研和实地调研。案头调研一般关注客户已有的书面资料、互联网公共信息、专业期刊、各种行业报告和内部资料库等，通过调研者的消化和提升，总结出核心观点支持或否定之前提出的假设。然而，不管案头调研如何详尽，最终还要通过实地调研进行认真核实。

实地调研是指在实验室或图书馆之外的地方实地收集一手客观数据，用严谨的逻辑验证之前假设的真伪，是结构化战略思维和实践奉行者必备的基本功。实地调研在战略项目中包括很多具体甚至琐碎的工作，有访谈、调查和实验等。例如，调研问卷的投放和收集、各种相关人群的筛选与访谈（如消费者、竞争对手等）、实地观察和产品或服务体验等。后期的数字分析和洞见提取也至关重要。

综上所述，提出假设和验证假设是一个逐渐深入的反复循环过程，也是麦肯锡五步法的主干。在这个过程中，研究结果在提出和验证假设循环中高速迭代，团队力求在最短的时间内找到问题的真正解决方案。整个提出假设和验证假设的反复循环会占用战略项目 8～10 周的完成期限中的大部分时间。

第五步：交付

在整个战略咨询项目里，最后一周以成果展示为核心的交付无疑是项目的高潮。团队已经经历了麦肯锡五步法的前四步，尤其是经历了多轮从提出假设到验证假设的循环，完成了数据收集和洞见提炼，对问题的解决方案已经胸有成竹。此时的交付就需要项目团队完整、高效地把所有成果展示出来。

在交付中，麦肯锡团队会为最后的展示做超乎想象的精心准备，确保"大结局"的圆满结束。每次完美交付无一不是团队加班奋战的结果，将严谨态度和专业性发挥到极致。项目负责人和团队成员一遍又一遍地仔细审视即将交付的成果。首先，项目本身的问题定义要明确、故事线要清晰、论述逻辑要严谨、每个支持的数据点要经得起推敲。其次，严肃对待沟通方式并制订沟通计划。在正式的交付会议前，项目负责人要与核心决策人员沟通解决方案的大致方向，并得到相应反馈；要预测沟通过程中决策人员可能的态度，对可能受到的挑战和阻力做相应的准备，并制订应急备用计划。最后，交付的形式和流程要完美。项目负责人要精心安排汇报展示的 PPT 及其他辅助材料，并经过多次排练确保万无一失。

交付会议是战略项目的最后一个关键战役，一般是半天甚至一天的闭门会议。项目的主要决策者和各相关方都被邀请到一起，共同讨论战略咨询团队提出的解决方案。通常，项目团队提出的相关解决方案会触及公司的常规管理或既有利益，提出的变革会冲击相关方，有人甚至会为此失去工作。因此，参会者都有备而来，而且个个神情严肃，时刻准备迎战。大家不妨设想一下此时咨询团队面对的情形：像是被扔进装满了鲨鱼的大鱼缸里的游泳者，稍有犹豫、挣扎让鲨鱼知道你胆怯或闻到血腥气味，后果将不堪设想。团队必须严阵以待、全力以赴，从来没有所谓的"过度的准备"。这种准备不仅包括把麦肯锡五步法中介绍的各步骤做到位，还包括交付中各种技巧和艺术的准备。

在内容逻辑上，一位麦肯锡毕业生曾评价说："金字塔原则看似废话，但确实是一个伟大的原则、一个伟大的方法论。"然后提炼道："金字塔原则就是，任何事情都可以归纳出一个中心论点，而此中心论点可由 3～7 个论据支持，这些一级论据本身也可以是个论点，被二级的 3～7 个论据支持，如此延伸，状如金字塔。"

在交付工具上，主流的商务沟通和呈现形式各有千秋，在工作中可以搭配组合使用。PPT 经常被战略咨询公司和高管层应用，PPT 不仅表明呈现者做了充足的准备，也在一定程度上体现了呈现者对会议足够的重视。而在时间压力下，口头陈述也具有灵活和直接的明显优势。在讨论重大决策时，呈现者很多时候会被要求不打开计算机或不播放 PPT，完全口头陈述核心主张。白板演示凭借超强的互动性在商务沟通中日渐盛行，尤其适用于思维碰撞、要求多向信息交流的互动场景。而不同交流方式的结合有时会事半功倍，比如口头陈述时能巧妙地利用白板把核心信息用关键图谱呈现出来，将大大提升交流效果。(改编自《麦肯锡结构化战略思维》。)

第二节　如何实施战略跟踪

之所以说 RTMP 是一个简洁而全面的战略管理范式，是因为它不仅包含了战略规划的部分（RTM），也包含了后续的战略跟踪部分（P）。

在组织完成自身资源的识别，并通过机会分析确定了业务定位，进而明确了组织使命和远期目标，再将远期目标进一步细化为组织的三年目标和年度目标，再围绕年度目标，制订相应的商业模式和多元化模式之后，组织战略规划的部分基本宣告结束。但在战略跟踪层面，从整个战略管理而非单单战略规划的角度而言，组织还需要继续跟踪更多属于绩效管理层面的

"部门年度目标及季度分解",以及更多属于人事管理和财务管理层面的"部门团队架构与财务预算",从而保证整个战略管理的过程有始有终。

环节一: 部门年度目标与季度分解如何进行 (运营会)

我们之前已经讲过,在明确组织的年度目标之后,各一级部门需要根据各自的职责,设定本部门的年度目标,再将年度目标按季度分解,并提出相应的策略。一般情况下,公司会召开"运营会"自下而上地进行讨论并确定。

会议开始前,各一级部门负责人需要准备自己的汇报材料,其内容包括但不限于:①根据组织年度目标和部门职责,参照平衡计分卡或KPI,提出部门的年度目标,包括100分的挑战目标和60分的保底目标,以及相应的计算方法;②将部门年度目标按季度进行分解,季度之间的增幅不宜过大;③说明完成各季度目标的主要策略。

会议上各部门轮流进行汇报。当一个部门汇报结束时,与会者会对该部门的年度目标、季度分解、季度策略等发表看法与建议。最后,再由会议主持者——一般是组织最高负责人进行拍板。运营会之后,目标还将逐级分解,直至每位员工的岗位目标。

环节二：部门团队架构与财务预算如何进行（预算会）

在运营会及之后的绩效会议确定了全员的年度目标、季度目标和季度策略后，各部门也要自下而上地提出各自的人员需求和费用需求，直至汇总到一级部门负责人。然后，公司再召开由一级部门负责人和人事、财务等职能部门参加的"预算会"，对团队架构和费用预算进行审核和修正，直至最后通过。

自此，战略跟踪环节和整个明年的工作才算基本安排妥当，具体包括：①组织整体的年度目标；②各部门和员工的年度目标、季度分解、季度策略；③各部门的人员与费用的资源等。接下来就是日常的执行、评估和优化。

环节三：月度经营分析与季度绩效考核如何进行（绩效管理）

我们之前讲过，绩效管理的好坏直接关系到战略的成败。有时候，并不是战略错了，而是绩效没有抓到位；或者有时候，也不是绩效的问题，而是人员的招聘本身就有问题。只有把每个环节都做好了，才能发现真正的问题出在哪里。

在绩效方面，首先，整个组织所有的日常工作，说到底都是围绕目标和策略进行的。也就是说，要引导员工"多为成功找方法、少为失败找借口"。目标定了就不要再讨价还价，而是多想想完成目标的策略与方法。

其次，日常工作中的绩效管理、策略探讨主要有三种形式或工具。第一种工具，日报或周报。普通公司的普通员工可能需要每天被盯着写日报，主管可能自觉一点，可以改周报。日报里要求说明当天围绕季度目标完成了什么工作，也就是当天执行了什么策略，以及第二天又计划去做什么。一个员工工作饱不饱和、认不认真，从日报、周报就可以看出来。

第二种工具，月度经营分析会。到了每个月的月末，公司还是要看员工这个季度的目标完成了多少，完成的有什么经验、没完成的有什么教训。月度经营分析会也是自下而上逐级开的，直到一级部门负责人向高管汇报。这个月业绩好的，比较轻松；业绩差的，压力就很大。员工有压力，老板才不会有压力，否则，压力都在老板身上。

第三种工具，季度绩效考核。月度会的经营分析主要是帮助员工，会上也会说完成情况，但更多是大家探讨策略。到了季度会就不一样了，大家也会探讨策略，但主要是看结果。每个人完成的情况是要打分的。100 分里面你得了几分，合格还是不合格。很多公司包括 BAT（百度、阿里巴巴、腾讯）这样的大公司，连续两个季度不合格就要被辞退。这就是季度绩效考核。

上面说的三个工具，有些未必属于战略跟踪的范畴，但连带着一起说了。所以整个 RTMP 战略法是一个非常简洁、清晰的战略管理方法，也是一个科学有效的战略管理工具。但是，大家也不要忘了，管理既是一门科学也是一门艺术。祝愿大家在战略管理上能用科学的方法去追求艺术的境界！

后　记

里斯本的冬天不太冷，除少数几天外，外出时基本穿一件外套就够。大部分的时间里，白天都是阳光明媚。我一开始坐在靠窗的办公桌上，后来发现自己会经常去看窗外——蓝天白云、行人车辆，或者时常飞过的飞机，最后只能换到面墙的座位，专心写作。

写作的过程是孤独的。但如果你把人生的很多事情都想透彻了，就不会觉得痛苦。我尝试让自己进入到一种面对众人分享的状态，然后不去想大量的、尚未完成的部分，聚焦在眼前的章节。

写这本书是从 2023 年 11 月初孤身一人抵达里斯本之后开始的，完全从零开始，直到 2024 年 1 月底改完最后一稿。整个过程接近 3 个月，写了 12 万字，包括阅读大量的文献。比我预想的快很多，可能是因为心无旁骛的缘故。

访学期间，ISCTE（里斯本大学学院）的一位主任问我："为什么这本书对你这么重要？"我说："你知道我在管理领域学习、实践、研究了很多年，有很多感悟，但之前都是非常碎片化的分享，而这次，我希望有一个系统性的回顾和总结，并通过这本书把我的这些见解、方法等固化下来，传承下去。我也希望这本书，包括其中的立足实际、结果导向的战略管理方法能帮助读者成功。"

对于在战略管理领域未来的想法，我目前考虑了三个方面：一是留意是否有其他语种的出版机会；二是留意通过高校及其他渠道去分享这套简洁、务实的战略管理理论的机会，与更多的人交流、听取他们的想法和建议，并对本书进行周期性的优化与改版；三是继续在微信订阅号"人人都是战略官"上分享其他对于管理方面的见解。在此过程中，也衷心地欢迎各位能通过邮箱 NEO2021HK@HOTMAIL.COM 不吝指教！

人的一生会碰到很多困难，但我始终坚信，办法一定比困难多！每一个困难的背后，一定有很多可以应对的办法。所以在任何时候，你要看到事物好的一面，要冷静下来找到问题的最优解，然后勇敢地付诸行动，至于剩下的，放心交给时间和命运。这是我的一点人生感悟，也是战略带给我的启发。

最后，也把这本书送给我的孩子们——Amy、Bob、Colin。很抱歉没有给你们更多的宽容和陪伴，但你们是上天赐予我最好的礼物，没有之一，我对你们的爱不曾也不会有丝毫停滞。

缪翔

于里斯本

2024 年 1 月 26 日

参考文献

［1］罗宾斯，德森佐，库尔特. 管理学［M］. 毛蕴诗，译. 北京：机械工业出版社，2019.

［2］古拉蒂，梅奥，诺里亚. 管理学［M］. 杨斌，等译. 北京：机械工业出版社，2018.

［3］吴正清. 大灾难［M］. 北京：新世界出版社，2011.

［4］戴维 R. 弗雷德，戴维 R. 福里斯特. 战略管理：概念部分［M］. 李晓阳，译. 北京：清华大学出版社，2017.

［5］希特，爱尔兰. 战略管理：竞争与全球化（概念）［M］. 焦豪，等译. 北京：机械工业出版社，2016.

［6］希尔，席林，琼斯. 战略管理：概念与案例［M］. 薛有志，李国栋，译. 北京：机械工业出版社，2021.

［7］汤普森，彼得拉夫，甘布尔，等. 战略管理：概念与案例［M］. 于晓宇，王家宝，译. 北京：机械工业出版社，2020.

［8］巴尼，赫斯特里，李新春，等. 战略管理：中国版［M］. 北京：机械工业出版社，2017.

［9］李洋. 投资自己的梦想：孙正义的人生哲学［M］. 北京：新世界出版社，2014.

［10］格兰特. 现代战略分析［M］. 艾文卫，译. 北京：中国人民大学出版社，2016.

［11］曾啸波，李忠秋. 结构思考力：用思维导图来规划你的学习与生活：慕课版［M］. 北京：人民邮电出版社，2017.

［12］付亚和，许玉林，宋洪峰. 绩效考核与绩效管理［M］. 北京：电子工业出版社，2017.

[13] 卡普兰，诺顿. 战略中心型组织：经典版 [M]. 上海博意门咨询有限公司，译. 北京：北京联合出版公司，2017.

[14] 秦杨勇. 平衡计分卡制胜方略 [M]. 北京：中国科学技术出版社，2022.

[15] 任康磊. 绩效管理工具 [M]. 北京：人民邮电出版社，2020.

[16] 泰勒. 科学管理原理 [M]. 赵涛，译. 北京：电子工业出版社，2013.

[17] 林奇. 公司战略管理 [M]. 钟含春，陈涛，译. 北京：中国市场出版社，2011.

[18] 巴尼，克拉克. 资源基础理论：创建并保持竞争优势 [M]. 上海：格致出版社，2011.

[19] 勾红洋. 第七次财富潮 [M]. 北京：龙门书局，2012.

[20] 里斯，特劳特. 定位：争夺用户心智的战争 [M]. 邓德隆，火华强，译. 北京：机械工业出版社，2017.

[21] 奥斯特瓦德，皮尼厄. 商业模式新生代：经典重译版 [M]. 黄涛，郁婧，译. 北京：机械工业出版社，2016.

[22] 曾鸣. 智能商业 [M]. 北京：中信出版集团股份有限公司，2018.

[23] 刘文瑞. 管理的尺度 [M]. 北京：中国青年出版社，2019.

[24] 库兹韦尔. 奇点临近 [M]. 董振华，李庆成，译. 北京：机械工业出版社，2011.

[25] 李鸿磊. 商业模式的概念、方法与案例：兼论商业模式九宫格的应用 [M]. 北京：中国社会科学出版社，2021.

[26] 彭志强. 商业模式的力量 [M]. 北京：中信出版社，2013.

[27] 周鸿祎. 周鸿祎自述：我的互联网方法论 [M]. 北京：中信出版社，2014.

[28] 金错刀. 爆品战略：案例篇 [M]. 南京：江苏凤凰文艺出版社，2022.

[29] 林军，胡喆. 沸腾新十年：移动互联网丛林里的勇敢穿越者：下 [M]. 北京：电子工业出版社，2021.

［30］新创客工作室. 微信开启微赢时代［M］. 长沙：湖南科学技术出版社，2014.

［31］陈妍，张军. 微信背后的产品观［M］. 北京：电子工业出版社，2021.

［32］杨廷忠. 健康研究：社会行为理论与方法［M］. 2 版. 北京：人民卫生出版社，2018.

［33］路江涌. 图解企业成长经典［M］. 北京：机械工业出版社，2019.

［34］吴晓波. 读懂中国互联网：重塑中国的互联网力量［M］. 杭州：杭州蓝狮子文化创意股份有限公司，2022.

［35］倪莉莉，郑伶俐. 新媒体营销与案例分析［M］. 北京：人民邮电出版社，2022.

［36］张亮. 从零开始做运营 2［M］. 北京：中信出版集团股份有限公司，2019.

［37］鲜军，陈兰英. 网络整合营销：从入门到精通：微课版［M］. 北京：人民邮电出版社，2019.

［38］王桂娟. 彭蕾传：阿里巴巴背后的女人［M］. 北京：团结出版社，2020.

［39］周洁如. 移动社交网平台企业商业模式及其创新［M］. 上海：上海交通大学出版社，2016.

［40］崔军. 外国电影史［M］. 武汉：华中科技大学出版社，2018.

［41］三易生活. 广告订阅取代基础会员，奈飞还是对广告说"真香"了［EB/OL］.［2023 – 12 – 20］. https://36kr.com/p/2360927477906947.

［42］郭湛东. 三极营销：新常态下的营销新模式［M］. 北京：人民邮电出版社，2016.

［43］川上昌直. 盈利［M］. 陈旭，译. 北京：中国科学技术出版社，2023.

［44］任泽平，王一渌. 新能源：抓住第三次能源革命重大机遇［M］. 北京：中信出版集团股份有限公司，2023.

［45］汪新兵. 跨境电商选品维度与技巧［M］. 重庆：重庆大学出版社，2023.

[46] 邓志新. 跨境电商：理论、操作与实务：微课版 ［M］. 2 版. 北京：人民邮电出版社, 2023.

[47] 章诚爽, 赵立新. 成就千亿市值：市值管理与投关指南 ［M］. 北京：中国广播影视出版社, 2021.

[48] 方二, 齐卿, 左莉. 智情企业 ［M］. 北京：机械工业出版社, 2021.

[49] 罗杰斯. 中国赛道：投资大师罗杰斯谈中国未来趋势 ［M］. 孟语彤, 译. 杭州：浙江文艺出版社, 2021.

[50] 山本康正. 称霸未来的企业 ［M］. 于航, 译. 北京：中国友谊出版公司, 2022.

[51] 廖理. 全球互联网金融商业模式：格局与发展 ［M］. 北京：机械工业出版社, 2017.

[52] 毛振华. 企业扩张与融资 ［M］. 北京：中国人民大学出版社, 2017.

[53] 周锡冰. 互联网＋时代的企业危机管理 ［M］. 北京：中国人民大学出版社, 2017.

[54] 彭小勇. 华为组织激活 ［M］. 北京：中信出版集团股份有限公司, 2020.

[55] 贺学友. 销售铁军：把产品卖出去，把钱收回来！［M］. 北京：中信出版集团股份有限公司, 2019.

[56] 王建和. 阿里巴巴管理三板斧：阿里铁军团队管理实战教程 ［M］. 北京：机械工业出版社, 2019.

[57] 徐文杰. 管理学基础 ［M］. 北京：清华大学出版社, 2018.

[58] 孙燕刚, 梁凤改, 洪秋叶. 财务管理 ［M］. 北京：中国人民大学出版社, 2014.

[59] 剧锦文. 企业与公司治理理论研究 ［M］. 北京：中国经济出版社, 2018.

[60] 拉塞尔. 麦肯锡方法：用简单的方法做复杂的事 ［M］. 张薇薇, 译. 北京：机械工业出版社, 2020.

[61] 周国元. 麦肯锡结构化战略思维 ［M］. 北京：人民邮电出版社, 2023.